Heidelberger Taschenbücher Band 140

R. Alletsee · H. Jung · G. Umhauer

Assembler I

Ein Lernprogramm

Mit einem Geleitwort von
Prof. Dr.-Ing. E. h. Konrad Zuse

Mit über 170 Abbildungen
und Formularen und 85 Aufgaben

Vierte, neubearbeitete Auflage

Springer-Verlag
Berlin Heidelberg New York
London Paris Tokyo 1988

RAINER ALLETSEE
HORST JUNG
Siemens Aktiengesellschaft, Unternehmensbereich
Kommunikations- und Datentechnik, München
GERD F. UMHAUER
München

ISBN-13: 978-3-540-18319-8   e-ISBN-13: 978-3-642-72965-2
DOI: 10: 978-3-642-72965-2

CIP-Kurztitelaufnahme der Deutschen Bibliothek.
Alletsee, Rainer: Assembler : e. Lernprogramm / R. Alletsee ; H. Jung ; G. Umhauer. Mit e.
Geleitw. von Konrad Zuse.
Berlin ; Heidelberg ; New York ; London ; Paris ; Tokyo : Springer.
1. u. 2. Aufl. verf. von Rainer Alletsee u. Gerd F. Umhauer. - Teilw. mit d. Erscheinungsorten:
Berlin, Heidelberg, New York 4 u. d. T.: Kramer, Hasso: Assembler.
NE: Jung, Horst:; Umhauer, Gerd F.: 1.-4., neubearb. Aufl. -1988.
(Heidelberger Taschenbücher ; Bd. 140)

NE: GT

Dieses Werk ist urheberrechtlich geschützt. Die dadurch begründeten Rechte, insbesondere die
der Übersetzung, des Nachdrucks, des Vortrags, der Entnahme von Abbildungen und Tabellen,
der Funksendung, der Mikroverfilmung oder der Vervielfältigung auf anderen Wegen und der
Speicherung in Datenverarbeitungsanlagen, bleiben, auch bei nur auszugsweiser Verwertung,
vorbehalten. Eine Vervielfaltigung dieses Werkes oder von Teilen dieses Werkes ist auch im
Einzelfall nur in den Grenzen der gesetzlichen Bestimmungen des Urheberrechtsgesetzes der
Bundesrepublik Deutschland vom 9. September 1965 in der Fassung vom 24. Juni 1985 zulässig.
Sie ist grundsätzlich vergütungspflichtig. Zuwiderhandlungen unterliegen den Strafbestimmungen
des Urheberrechtsgesetzes.

© Springer-Verlag Berlin, Heidelberg 1974, 1977, 1979, 1981 und 1988

Die Wiedergabe von Gebrauchsnamen, Handelsnamen, Warenbezeichnungen usw. in diesem
Werk berechtigt auch ohne besondere Kennzeichnung nicht zu der Annahme, daß solche Namen
im Sinne der Warenzeichen- und Markenschutz-Gesetzgebung als frei zu betrachten wären und
daher von jedermann benutzt werden dürften.

Gesamtherstellung: Druckhaus Beltz, Hemsbach/Bergstr.
2362/3020-543210

Geleitwort

Als die Computer nach ihren ersten Pionierjahren etwa zwischen 1950 und 1960 in die Praxis Eingang fanden, ließ sich kaum voraussehen, welche Bedeutung einmal der organisatorische Teil einschließlich der Programmierung erlangen würde. Heute wissen wir, daß beim Computereinsatz die sogenannte »Software« mindestens so wichtig ist, wie die eigentliche »Hardware«. Auch dabei haben wir ein weites Feld, welches von strengen Theorien bis zu praxisbezogenen Arbeiten reicht.

Das vorliegende Buch dient nun voll und ganz dem praktischen Einsatz der Computer. Es gibt ein gutes Bild davon, welche ungeheure Kleinarbeit zu leisten ist, um die moderne elektronische Datenverarbeitung in Gang zu setzen und in Betrieb zu halten. Das zwingt zu einer neuen Geisteshaltung und zu einer strengen Disziplin in der Verwendung von Ideen und Mitteln. Jedes Zeichen, jede Aktion, jede Anweisung muß gut durchdacht sein, und es ist kein Platz für Schwärmerei mit unausgegorenen Ideen.

So könnte sich die Datenverarbeitung auch über ihr eigenes Arbeitsgebiet hinaus positiv auswirken und in einer in vieler Hinsicht verworrenen Zeit formend und bildend für die ganze Gesellschaft wirken, indem ihr Geist über eigentliche Fachkreise hinaus wirksam wird.

Konrad Zuse

Vorwort zur vierten Auflage

Diese Auflage enthält im Wesentlichen drei Änderungen gegenüber der dritten Auflage.
1. Der Datenträger Lochkarte wird nur noch in Teil I verwendet. In Teil II und III wird der Plattenstapel als Datenträger verwendet.
2. Die Ein-/Ausgabe mit dem Datenverwaltungssystem wird nur angedeutet. Sie wird nun im Supplementband (Teil IV) ausführlich erläutert.
3. Als neue Form der Ein-/Ausgabe werden die Ablaufteilmakros – RDATA, WRLST und WROUT – in Teil II und III eingesetzt.

München, im Dezember 1987   Horst Jung

Vorwort zur ersten Auflage

Alle Bereiche aus Wirtschaft, Wissenschaft, Technik und Verwaltung bedienen sich in der Praxis in zunehmendem Maße der modernen elektronischen Datenverarbeitung.

Dabei erweist es sich in vielen Anwendungsfällen als besonders effektiv, wenn die technischen Möglichkeiten dieser Anlagen auch wirklich genutzt werden, d. h. in möglichst maschinennaher Sprache – speicherplatz- oder zeitoptimal – programmiert werden kann. Das aber setzt fachlich fundierte Sachkenntnis voraus.

Der Bedarf an qualifizierten Fachleuten wächst heute schon schneller, als er von den öffentlichen, den privaten oder den Schulen der Hersteller von Datenverarbeitungsanlagen befriedigt werden kann. Es ist das Ziel des vorliegenden dreiteiligen Lernprogramms »Assembler«, hier eine Brücke zwischen Theorie und Praxis zu schlagen.

Das Buch ist – neben seinem Wert für den (Anfangs-)Programmierer – ebenfalls gedacht für die sekundär mit dem Assembler befaßten Berufe, wie Operateure, Wartungstechniker, Organisatoren, Systemberater und Vertriebsbeauftragte, zugleich jedoch auch – und dies erweist sich in den heutigen Bildungs- und Ausbildungskonzepten – für Informanden, Schüler, Studenten oder Lehrer weiterführender Schulen. Die Assemblersprache vermittelt dabei einen außergewöhnlich engen Kontakt zur praktischen Datenverarbeitung. Durch die Konzeption als Lernprogramm konnte die abstrakte Definition der Assemblersprache obendrein so aufbereitet werden, daß die Basis für das Verständnis auch eines der strengen algorithmischen Denkweise ungewohnten Lesers geschaffen wurde. Einerseits wurde das Assembler-Reglement zwar hinreichend exakt erhalten, andererseits aber wurden die formalen Regeln aus didaktischen Gründen so großzügig ausgelegt, daß sie dem sich einarbeitenden Leser stets verständlich bleiben.

Der Stoffumfang der drei Teile ist bei aller bewußten Beschränkung so gewählt, daß er etwa dem in den meist zweiwöchigen Grundlehrgängen vermittelten Wissen entspricht. Die behandelten Sprachelemente und -regeln sind, obwohl die Assemblersprache zu den anlagenabhängigen Sprachen zählt, auf der Basis der Siemens-Systeme 4004 und 7.700 sowie der IBM-Systeme 360/370 und des Univac-Systems 9000 weitestgehend identisch.

Teil I vermittelt dabei die ersten Fakten und Zusammenhänge, die erforderlich sind, um ein einfaches Assemblerprogramm niederzuschreiben. Zugleich gibt dieser Band einen Einblick in die grundlegende programmbezogene Denkweise, der beim praktischen Einsatz moderner Computer eine grundlegende Bedeutung zukommt.

Der Anstoß zur Entwicklung des vorliegenden Lernprogramms »Assembler« kam aus dem Hause Siemens, insbesondere aus der dortigen Schule für Datenverarbeitung. Durch die wertvollen Anregungen und Hinweise zahlreicher Mitarbeiter und die vielen uns zur Verfügung gestellten Erfahrungen konnte das Gesamtvorhaben in relativ kurzer Zeit erstellt und zugleich zur letzten Ausprägung gebracht werden.

Dem Springer-Verlag gilt unser besonderer Dank für die druck- und satztechnische Beratung, das Eingehen und Entgegenkommen bei Aufmachung und Ausstattung sowie die freundliche Betreuung des Vorhabens in allen Phasen seiner Entstehung.

München, im Oktober 1973   R. Alletsee
                                                                                G. Umhauer

Hinweise für Teil I

Lernziel
Nach Durcharbeiten von Teil I ist es möglich, ein Assemblerprogramm, wie auf Seite A11 ersichtlich, selbständig zu programmieren.

Voraussetzungen
Dieses Buch sollte nur durchgearbeitet werden, wenn bereits einige Grundkenntnisse der Datenverarbeitung vorhanden sind; ohne solche Grundkenntnisse ist ein erfolgreiches Studium in Frage gestellt.
Einen genauen Überblick über die Voraussetzungen vermittelt der Grundlagen-Test auf Seite 1. Ein Ergebnis von 60 % gilt als ausreichend, um die Assemblersprache zu erlernen.

Handhabung
Die in vorliegendem Buch angewandte Lernmethode umfaßt einen *Lernteil* (Kapitel 1 bis 7), einen *Lösungsteil* (Kapitel 8) und einen *Anhang* (Kapitel 9). Durch die Beantwortung der Fragen im Lernteil können Verständnis und Wissen überprüft werden. Die Lösungen der jeweiligen Aufgaben sind im Lösungsteil aufgeführt. Soweit die Lösungen keinen gesonderten Hinweis enthalten, ist jeweils unmittelbar nach einer beantworteten Frage im Lernteil fortzufahren.
Der Anhang dient als stichwortartiges Nachschlagewerk, in dem eine Zusammenfassung aller behandelten Befehle und Anweisungen aufgeführt ist. Außerdem enthält er eine Prinzipdarstellung einer Dv-Anlage, eine EBCDI-Code-Tabelle und eine Umrechnungstafel für sedezimale Zahlen, die das Arbeiten mit diesem Lernprogramm erleichtern.

Inhaltsverzeichnis

Grundlagen-Test 1
1. Einführung 3
   1.1. Notwendigkeit der Programmiersprache 3
   1.2. Programm, Befehl und Arbeitsspeicher 3
   1.3. Entwicklung des Assemblerbefehls MVC 6
   1.4. Allgemeines zur Übersetzung Assemblersprache – Maschinensprache 8

2. Programmentstehung 9
   2.1. Konstanten- und Speicherbereichsdefinitionen 9
      2.1.1. Definition von Konstanten, DC 9
      2.1.2. Definition von Speicherbereichen, DS 10
   2.2. Längenangaben 12
      2.2.1. Implizite Länge 12
      2.2.2. Explizite Länge 16
   2.3. Varianten bei der Definition von Konstanten 19
   2.4. Assembleranweisungen 20
      2.4.1. Die START-Anweisung 20
      2.4.2. Die END-Anweisung 21
   2.5. Übersetzung des Quellprogramms 24
      2.5.1. Befehlsformat 24
      2.5.2. Adreßpegel und Adreßbuch 26

Übungen zu den Kapiteln 1 und 2 29

3. Stufen zum Programmlauf 33
   3.1. Erfassung der Programmdaten 33
      3.1.1. Das Assemblerformular 33
      3.1.2. Assemblerprogramm auf Datenträgern 38
   3.2. Übersetzungsvorgang, das Modul 39
   3.3. Modul – Phase 40
   3.4. Befehlszähler und Startadresse 41

4. Makroaufrufe 44
   4.1. Eingabe/Ausgabe 44
   4.2. Das Logische Ein-/Ausgabesystem 44
      4.2.1. Die Makroaufrufe GET und PUT 45
      4.2.2. Der Makroaufruf TERM 51
      4.2.3. Auflösung der Makroaufrufe bei der Übersetzung 52

5. Vergleichs- und Sprungbefehle ... 54
5.1. Allgemeine Betrachtung ... 54
5.2. Programmablaufplan ... 54
5.3. Programmschleife ... 54
5.4. Der logische Vergleichsbefehl CLC ... 60
5.5. Der Sprungbefehl BC ... 64
5.6. Pseudosprungbefehle ... 70

6. Assemblerprotokoll und Test ... 73
6.1. Aufgabenstellung ... 73
6.1.1. Programmablaufplan »Vertreterprovision« ... 74
6.1.2. Codierung ... 76
6.2. Das Assemblerprotokoll ... 79
6.3. Vergleich Quellprogramm – Objektprogramm ... 81
6.4. Test ... 82
6.5. Erstellung eines Speicherauszugs, Dump ... 85

Übungen zu den Kapiteln 3 bis 6 ... 86

7. Das wohlstrukturierte Assemblerprogramm ... 91
7.1. Kommentare/Bemerkungen ... 91
7.2. Das Längenmerkmal ... 93
7.3. Die Feldunterteilung ... 94
7.4. Das Struktogramm ... 96
7.5. Übungsbeispiel »Vertreterprovision« ... 97

Ausblick ... 99

8. Lösungen ... 101 A1

9. Anhang ... 115 A15
9.1. Dv-Anlage ... 116 A16
9.2. Symbole für Programmablaufpläne nach DIN 66001 ... 117 A17
9.3. Das Assemblerformular ... 118 A18
9.4. Die Assembleranweisung START ... 120 A20
9.5. Die Assembleranweisung END ... 120 A20
9.6. Die Assembleranweisung »Define Storage«, DS ... 121 A21
9.7. Die Assembleranweisung »Define Constant«, DC ... 122 A22
9.8. Der Befehl »Move Characters«, MVC ... 123 A23
9.9. Der Befehl »Compare Logical Characters«, CLC ... 124 A24
9.10. Der Befehl »Branch on Condition«, BC ... 125 A25
9.11. Pseudosprungbefehle ... 126 A26
9.12. Der Makroaufruf »Lesen Satz«, GET ... 127 A27
9.13. Der Makroaufruf »Ausgeben Satz«, PUT ... 127 A27
9.14. Der Makroaufruf »Programmende«, TERM ... 127 A27
9.15. EBCDI-Code-Tabelle ... 128 A28
9.16. Umwandlungstabelle Sedezimal – Dezimal ... 130 A30

Sachverzeichnis ... 131

Inhaltsübersicht Teil II

1. Relative Adressierung von Assemblerprogrammen (USING, BALR)
2. Programmierung der Ein-/Ausgabe mit den Makroaufrufen des Ablaufteils RDATA und WRLST
3. Funktionsweise und Erläuterung der wichtigsten logischen Befehle, Sprungbefehle, dezimalarithmetischen Befehle sowie der dazu erforderlichen Konstanten- und Speicherbereichsdefinitionen
4. Programmierung eines Lohnabrechnungsprogramms
5. Lösungen und Erläuterungen zu den zahlreichen Fragen, Aufgaben und Programmübungen
6. Anhang in Form einer knappen Zusammenfassung aller behandelten Befehle und Anweisungen, jeweils mit Beispielen

Inhaltsübersicht Teil III

1. Festpunktarithmetik mit Registerbefehlen
2. Festpunktarithmetik mit RX-Befehlen, sowie die Programmierung einer Tabellenverarbeitung als Anwendung der Indexadressierung
3. Adressenrechnung
4. Druckaufbereitung mit dem EDIT-Befehl an einer Vielzahl von möglichen Aufgabenstellungen
5. Code-Umsetzung mit dem Translate-Befehl
6. Spezielle Übungen und Programme zum gesamten Stoffumfang aller drei Teile
7. Lösungen und Erläuterungen der Fragen, Aufgaben und Programme
8. Anhang mit Zusammenstellung aller behandelten Befehle und Anweisungen

Inhaltsübersicht Teil IV

1. Runden und Erweitern von Rechenergebnissen
2. Druckaufbereitung
3. Ein- und Ausgabe von Daten
4. Unterprogrammtechnik
5. Verschiebebefehle
6. Tabellenverarbeitung
7. Logische Verknüpfungen
8. Umsetzen und Testen von Datenfeldern
9. Modifiziertes Ausführen von Befehlen – der EX-Befehl
10. Fehlersuche im Programm mit Hilfe eines Hauptspeicherabzuges
11. Codier-Praktikum
12. Anhang (mit allen behandelten Befehlen und Anweisungen)

Grundlagen-Test

Die Ergebnisse der folgenden Aufgaben sind im Lösungsteil auf Seite A14 zu finden.

1. Welcher Teil gehört nicht zur Zentraleinheit?
   a) Rechenwerk   c) Arbeitsspeicher
   b) Steuerwerk   d) Gerätesteuerung

2. Wie nennt man die kleinste per Programm adressierbare Informationseinheit im Arbeitsspeicher?
   a) Bit   d) Wort   g) Block
   b) Byte   e) Doppelwort h) Feld
   c) Halbwort   f) Satz   i) Bereich

3. Wie werden die ersten vier Bits (2^7 bis 2^4) eines Bytes bezeichnet?
   a) Höherwertiges Halbbyte
   b) Niederwertiges Halbbyte
   c) Ziffernteil

4. Welchen dezimalen Wert hat die größte Zahl, die mit 3 Bits dual darstellbar ist?

   Antwort: ....

5. Die Verschlüsselung des Buchstabens A lautet im EBCDI-Code sedezimal C1. Mit wieviel Bits ist C1 darstellbar?

   Antwort: ....

6. Die Begriffe Zeilentransport und Formularvorschub sind einem der angeführten Geräte zuzuordnen:
   a) Lochkartenleser   e) Schnelldrucker
   b) Bedienungsblattschreiber f) Lochstreifenstanzer
   c) Lochkartenstanzer   g) Kartenlocher
   d) Magnetbandgerät   h) Plattenspeicher

7. Die folgenden vier Dezimalzahlen sind dual und sedezimal dargestellt. Welche der Darstellungen sind falsch?

Dezimalzahl		Dualzahl	Sedezimalzahl
a)	2	11110010	F2
b)	256	11111111	FF
c)	26	00011010	1A
d)	13	1110	OE

8. Welche Sedezimalzahlen entsprechen den angegebenen Dezimalzahlen?
   a) 8: .... d) 100: ....
   b) 10: .... e) 20: ....
   c) 16: ....

9. Was steht im Arbeitsspeicher in den Speicherplätzen, deren Inhalt soeben ausgedruckt wurde?
   a) Null   d) Inhalt unverändert
   b) Nichts   e) Eins
   c) Zwischenraum

10. Daten, die auf Lochkarten abgelocht sind, werden mit einem Lochkartenleser in den Arbeitsspeicher der Zentraleinheit eingelesen.
    In welchem Code werden diese Daten gespeichert?
    a) Im Lochkartencode   c) Als Festpunktzahl
    b) Im EBCDI-Code   d) Im gepackten Datenformat

1. Einführung

1.1. Notwendigkeit der Programmiersprache

Eine Datenverarbeitungsanlage ist kein Orakel. Auf die Anforderung etwa, das Wahlverhalten der Bevölkerung hinsichtlich zukünftiger Bundestagswahlen hochzurechnen, wird eine Reaktion ebenso ausbleiben wie bei einer Ermittlung meteorologischer Zustandsdaten, wenn dies nicht zuvor in Form eines Programms der Rechenanlage angegeben wurde. Mit anderen Worten: Die Durchführung der erforderlichen Funktionsabläufe muß der Maschine eindeutig, bis ins kleinste Detail, übermittelt werden. Eine solche Arbeitsanweisung kann nicht in der Umgangssprache oder einer sonst gebräuchlichen Sprechsprache formuliert werden, vielmehr muß die zu verwendende Sprache den Erfordernissen der Rechenmaschine angepaßt sein.

Zur Formulierung der Arbeitsabläufe einer Datenverarbeitungsanlage wurden deshalb spezielle Programmiersprachen geschaffen. Gewöhnlich werden zwei Gruppen unterschieden: *maschinenorientierte* und *problemorientierte*. Maschinenorientierte Sprachen sind durch eine enge Anlehnung an den *internen Rechnercode* gekennzeichnet, im Gegensatz zu problemorientierten Sprachen (z.b. COBOL, FORTRAN), die eine an das jeweilige Problem angepaßte Formulierung der Aufgabe ermöglichen.

Die Assemblersprache gehört der Gruppe der maschinenorientierten Sprachen an. Demzufolge können Assemblerprogramme so geschrieben werden, daß sie sowohl ein Minimum an Arbeitsspeicherplatz als auch den kleinstmöglichen Zeitaufwand beim Ablauf benötigen. Diese Kriterien sind maßgebend dafür, daß die Assemblersprache mit zu den wichtigsten Programmiersprachen gezählt werden muß.

1.2. Programm, Befehl und Arbeitsspeicher

Eine Programmiersprache, die an die internen Rechnerabläufe angepaßt ist, läßt einige charakteristische Merkmale erkennen. Durch die Konzeption einer Dv-Anlage ist der Befehlsvorrat – das sind die Befehle, die ein bestimmter Digitalrechner ausführen kann – einer Maschine festgelegt. Dieses Befehlsrepertoire enthält beispielsweise Additionsbefehle und Subtraktionsbefehle ebenso wie Sprungbefehle oder Übertragungsbefehle, die entsprechend zur Programmerstellung verwendet werden können. Jeweilige Aufgabenkomplexe sind daher so in Einzelschritte zu zerlegen, bis jeder Schritt durch einen Befehl beschrieben werden kann. Auf diese Weise entsteht ein *an der Maschinenstruktur orientiertes* Programm.

Zur Ausführung der programmierten Befehle muß ein Programm im Arbeitsspeicher eines Rechners gespeichert sein und kann dann von der Steuerung »schrittweise« ausgeführt werden.

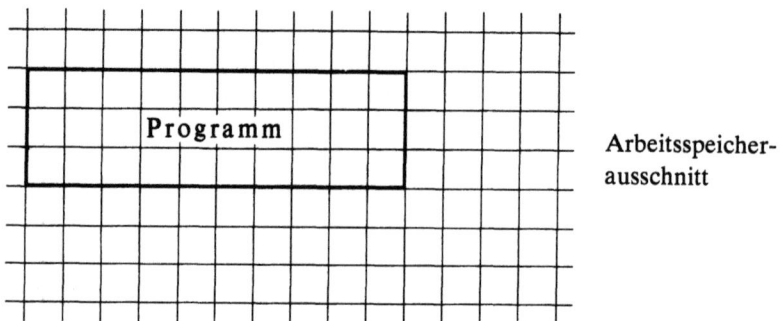

Diese abstrakten Vorgänge sollen an einem Beispiel näher erläutert werden. Es sei ein Programm betrachtet, in dem unter anderem das im Arbeitsspeicher stehende Zeichen %[1] in eine andere Speicherstelle übertragen werden soll.

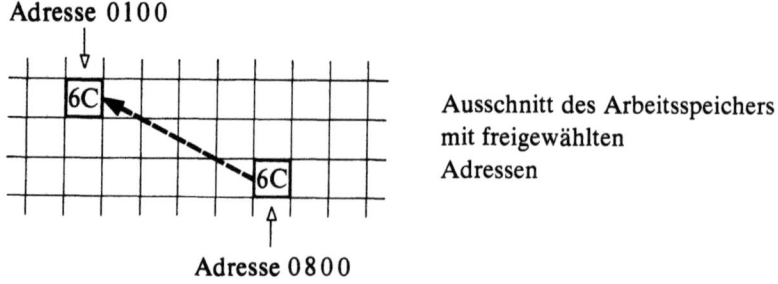

---

[1] Die Verschlüsselung des Zeichens % im EBCDI-Code lautet 6C, vgl. dazu die EBCDI-Code-Tabelle im Anhang, Seite A28.

Die Speicherstelle mit der Adresse 0100 stellt die Empfangsstelle dar und die mit der Adresse 0800 die Sendestelle. Um ein Zeichen – also ein Byte – übertragen zu können, brauchen wir einen Übertragungsbefehl. Im einzelnen könnte dieser Befehl an die Zentraleinheit (ZE) folgendermaßen lauten:

»Übertrage ein Zeichen von Adresse 0800 nach 0100«, oder in einem einfacheren Formalismus:

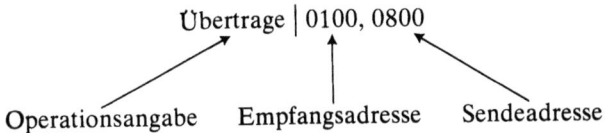

1.1. Was wird dann mit diesem Befehl übertragen?

a) Die Adresse 0800 nach 0100 Seite A1
b) Der Inhalt von 0800 nach 0100 Seite A2
c) Der Inhalt von 0100 nach 0800 Seite A3

Die »Programmierarbeit« bestand also darin, einen Übertragungsbefehl entsprechend dem gewählten Beispiel zu schreiben. Das nachfolgende Bild deutet den Übertragungsbefehl innerhalb eines im Arbeitsspeicher befindlichen Programms schematisch an.

Der Programmraum enthält Befehle und Konstanten.

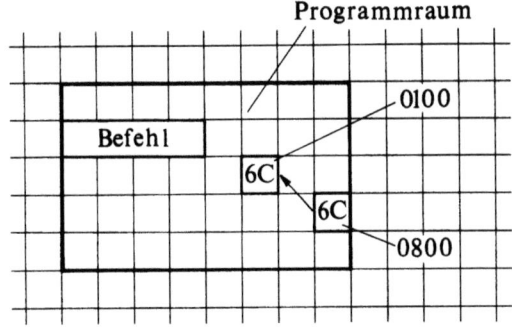

Bei der Befehlsausführung transferiert das Steuerwerk der Zentraleinheit *den Inhalt* der Speicherstelle 0800 – laut Vorgabe 6C – in die Speicherstelle mit der Adresse 0100, so daß der frühere Inhalt mit 6C überschrieben wird.

1.3. Entwicklung des Assemblerbefehls MVC

In dem vorangehenden Beispiel hatten wir einen Übertragungsbefehl ganz allgemein skizziert und damit eine erste Verarbeitungsoperation kennengelernt. Im folgenden beziehen wir diese Übertragungsoperation auf die Assemblersprache, um derartige Probleme in dieser Sprache programmieren zu können.

Aufgabe: Analog dem folgenden Bild sei das Zeichen $ (Dollar) von Adresse 0200 in die Speicherstelle 0500 zu übertragen.

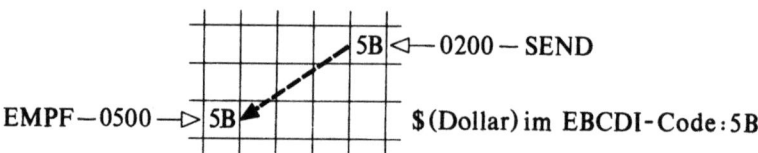

Es ist in der Assemblersprache möglich, den tatsächlichen Speicheradressen sogenannte *symbolische Adressen* zuzuordnen. So könnte die Empfangsadresse 0500 den symbolischen Namen EMPF erhalten, 0200 könnte sinngemäß SEND heißen. Der Übertragungsbefehl lautet in der Assemblerschreibweise dann wie folgt:

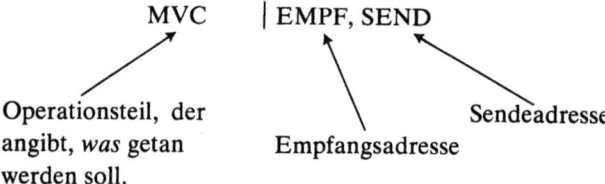

MVC ist die Abkürzung für »Move Characters« (Übertragen Zeichen) und gibt die Art der auszuführenden Operation an. Die Zuordnung von symbolischen zu effektiven Speicheradressen ist vorteilhaft, da die absoluten Speicheradressen zum Zeitpunkt der Programmerstellung nicht bekannt sind.

> 1.2. Welche Schwierigkeit ergibt sich jedoch, wenn der obige MVC-Befehl von der Zentraleinheit ausgeführt werden soll?
>
> a) Die symbolischen Adressen müssen zuvor in tatsächliche Arbeitsspeicheradressen umgewandelt werden.   Seite A2

b) Sowohl Operationsteil wie auch symbolische Adressen müssen vor dem Ablauf in die Maschinensprache übersetzt werden.
Seite A3
c) Es ergibt sich keine Schwierigkeit, da der MVC-Befehl unmittelbar von der ZE ausgeführt werden kann.
Seite A1

Der MVC-Befehl wird bei der Ausführung so interpretiert, daß *der Inhalt* der Speicherstelle SEND nach EMPF übertragen wird. Der frühere Inhalt von EMPF wird dabei überschrieben.
Es ist noch zu fragen, ob sich der Inhalt der Sendeadresse ändert.

1.3. Welche der vorgegebenen Antworten ist richtig?

a) Der Inhalt der Sendeadresse bleibt unverändert. Seite A1
b) Nach der Übertragung wird der Inhalt von SEND mit Null überschrieben. Seite A2
c) Der Inhalt von SEND ist nach der Übertragung unbestimmt.
Seite A3

An einem weiteren Beispiel soll der Übertragungsbefehl angewendet werden.

MVC |FELD, ZAHL

Arbeitsspeicherauszug mit Zuordnung der symbolischen Adressen FELD und ZAHL

1.4. Welche Daten stehen nach Ausführung des »Move-Befehls« in den Speicherstellen FELD und ZAHL?

FELD: .... ZAHL: ....
Seite A1

Einige Fragen hinsichtlich des MVC-Befehls sind noch offengeblieben: So ist z. B. zu klären, was unter »Übersetzung« von symbolischen Adressen zu verstehen ist, oder wie der Operationsteil MVC bei der Übersetzung behandelt wird.

1.4. Allgemeines zur Übersetzung Assemblersprache – Maschinensprache

Es ist leicht vorstellbar, daß eine Datenverarbeitungsanlage, die in einem binären Code arbeitet, symbolische Befehle der Art MVC |FELD, ZAHL *nicht unmittelbar* ausführen kann. Vielmehr müssen symbolische Adressen ebenso wie Operationsteile vor dem Ablauf im Arbeitsspeicher in die sogenannte *Maschinensprache* übersetzt werden.

Zu diesem Zweck stehen *Übersetzungsprogramme* zur Verfügung, die durch entsprechende Steueranweisungen eine Umsetzung in den internen Maschinencode ermöglichen. Übersetzungsprogramme für problemorientierte Programmiersprachen nennt man Compiler. *Das Übersetzungsprogramm für die Assemblersprache wird Assembler genannt.*

Zur Veranschaulichung der Übersetzung in die Maschinensprache wollen wir diesen Vorgang am Beispiel des »Move-Befehls« erläutern:

MVC | EMPF, SEND

Der Assembler-Übersetzer wandelt den (mnemotechnischen) Operationsteil MVC in den *Maschinencode* D2$_{(16)}$ um und übersetzt die symbolischen Adressen EMPF und SEND wie folgt in tatsächliche Arbeitsspeicheradressen:

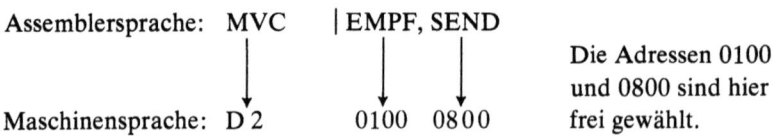

Assemblersprache: MVC | EMPF, SEND
Maschinensprache: D 2 0100 0800

Die Adressen 0100 und 0800 sind hier frei gewählt.

Der umgesetzte Operationscode (Op-Code) kann nun von der Zentraleinheit interpretiert werden. Mithin ermöglicht erst ein Übersetzungsprogramm die Ausführung eines symbolischen Programms. Übersetzungsprogramme werden von Dv-Herstellern zur Verfügung gestellt.

2. Programmentstehung

2.1. Konstanten- und Speicherbereichsdefinitionen

In einem der vorausgehenden Beispiele haben wir mit dem Befehl

        MVC |EMPF, SEND

das Zeichen $ (Verschlüsselung 5B) von der Adresse SEND nach EMPF übertragen. Dabei wurde vorausgesetzt, daß die Verschlüsselung 5B bereits auf Speicherstelle SEND gespeichert war. *Für den Fall aber, daß 5B noch nicht unter der Adresse SEND gespeichert ist, muß dies zuvor durch eine geeignete Maßnahme erfolgen.*
Ebenso wurde in dem vorstehenden Übertragungsbefehl vorausgesetzt, daß zur Aufnahme des Sonderzeichens $ bereits *eine Speicherstelle unter der Adresse EMPF reserviert* war. Es ist zur Ausführung des gezeigten Beispiels somit erforderlich, einerseits eine Konstante zu definieren oder zu erzeugen und andererseits einen Speicherplatz vorzusehen.

2.1.1. Definition von Konstanten, DC

Zur Festlegung der zu einem bestimmten Programm oder Programmteil gehörigen *konstanten Daten* wird die Assembleranweisung »Definieren Konstante«, DC (Define Constant), verwendet. DC ist demnach *eine Anweisung an den Assembler-Übersetzer* – im Gegensatz zu den Befehlen, die die Zentraleinheit betreffen – und bewirkt das Einfügen von Konstanten in ein entsprechendes Programm.
In dem gewählten Beispiel ist das *abdruckbare Zeichen*[2] $ zu definieren. Hierzu machen wir folgende Angabe:

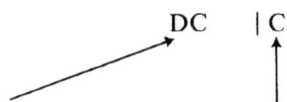

                DC |C

Operationsteil, der dem Assembler angibt, daß eine Konstante definiert werden soll.

C = Character (Zeichen) gibt an, daß es sich bei der Konstante um ein *abdruckbares Zeichen* handelt.

---

2 Zu den abdruckbaren Zeichen zählen Buchstaben, Ziffern und Sonderzeichen.

Schließlich ist noch anzugeben, *welches* abdruckbare Zeichen erzeugt werden soll.

Die Angabe des gewünschten Zeichens wird in Hochkommata eingeschlossen.

2.1. Mittels einer DC-Anweisung soll die abdruckbare Ziffer 8 erzeugt werden.

Seite A1

Für die Definition der Konstanten $ in der Anweisung DC |C '$' ist nun noch die Angabe der symbolischen Adresse erforderlich, welcher das generierte Zeichen zugeordnet ist[3].

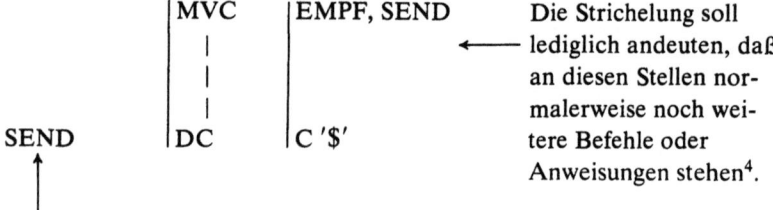

Die Strichelung soll lediglich andeuten, daß an diesen Stellen normalerweise noch weitere Befehle oder Anweisungen stehen[4].

Symbolische Adresse der Speicherstelle, in der das durch DC erzeugte Zeichen steht.

2.1.2. Definition von Speicherbereichen, DS

Um in unserem Beispiel ein Zeichen nach EMPF zu übertragen, müssen wir hierfür eine Speicherstelle reservieren. Dies geschieht mit der Assembleranweisung »Definieren Speicherbereich«, DS (Define Storage). Neben dem Operationsteil DS muß in der DS-Anweisung noch angege-

---

3 »Generieren von Zeichen« ist ein anderer Ausdruck für das Festlegen von Zeichen innerhalb eines Programms.
4 In Kapitel 3 ist das »Schreiben von Assemblerprogrammen« anhand eines vorgedruckten Formulars systematisiert.

ben werden, *wie viele* Speicherstellen zu definieren sind. Da nur 1 Byte übertragen werden soll, schreiben wir für die Längenangabe L1.

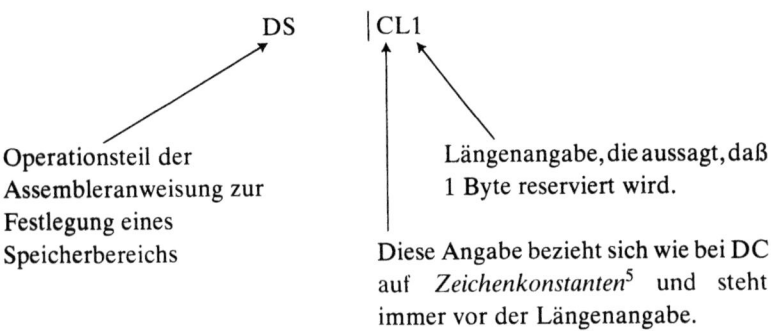

DS — Operationsteil der Assembleranweisung zur Festlegung eines Speicherbereichs

CL1 — Längenangabe, die aussagt, daß 1 Byte reserviert wird. Diese Angabe bezieht sich wie bei DC auf *Zeichenkonstanten*[5] und steht immer vor der Längenangabe.

Die Aufgabe kann jetzt in Assemblerschreibweise wie folgt formuliert werden:

```
        |MVC   |EMPF, SEND
        |
        |
        |
        |DS    |CL1
SEND    |DC    |C' $'
```

2.2. Welche Angabe muß in diesem Programmausschnitt noch erfolgen?

Antwort: ....

Seite A1

Durch die Anweisung DS |CL1 reservieren wir zwar eine Speicherstelle, geben jedoch nicht an, wie diese bezeichnet werden muß. Dem vorgesehenen Speicherplatz muß daher noch die symbolische Adresse EMPF zugeordnet werden:

EMPF |DS |CL1

---

5 An anderer Stelle wird noch genau auf die Angabe C in Verbindung mit DS- und DC-Anweisungen eingegangen.

2.2. Längenangaben

2.2.1. Implizite Länge

In den bisherigen Beispielen für den MVC-Befehl wurde jedesmal *nur ein* Zeichen übertragen. Es muß aber möglich sein, mit *einem* Übertragungsbefehl *mehrere* Zeichen zu übertragen. Wenn beispeilsweise von der Adresse PREIS die Zeichen DM/STCK zu einer Empfangsadresse übertragen werden sollen, wäre es sehr nachteilig, wenn für jedes Zeichen ein MVC-Befehl benötigt würde (DM/STCK würde demnach 7 MVC-Befehle notwendig machen). Wir wollen nun die Möglichkeit kennenlernen, mit *einem* MVC-Befehl *mehrere* Zeichen zu übertragen. Wie im folgenden gezeigt, kann dies auf verschiedene Arten geschehen.

Beispiel: Durch einen MVC-Befehl sind die Zeichen DM/STCK von der symbolischen Adresse PREIS zur Adresse ARTIKEL zu übertragen. Hierzu müssen diese zunächst generiert werden. Gemäß Abschnitt 2.1.1 erfolgt das mit einer DC-Anweisung.

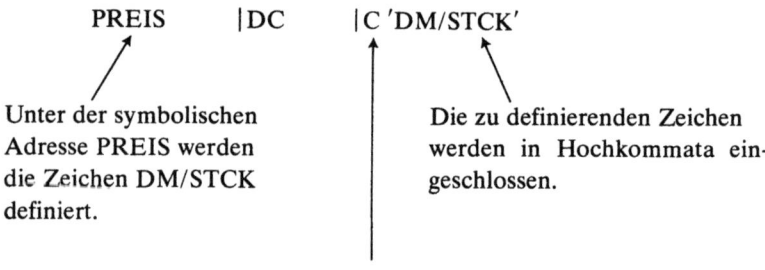

Unter der symbolischen Adresse PREIS werden die Zeichen DM/STCK definiert.

Die zu definierenden Zeichen werden in Hochkommata eingeschlossen.

Die Angabe C steht, da es sich um abdruckbare Zeichen handelt.

Die Zeichen werden sodann vom Assembler-Übersetzer, im EBCDI-Code verschlüsselt, ab Adresse PREIS definiert, so daß sich folgende Speicherplatzbelegung ergibt.

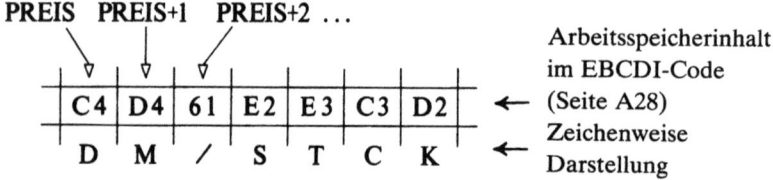

Diese Daten, die im Arbeitsspeicher 7 Bytes belegen, können mit *einem* MVC-Befehl übertragen werden:

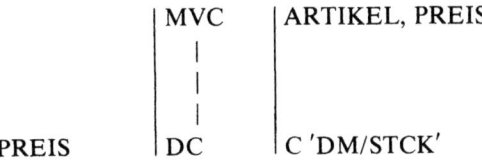

Dieser Programmausschnitt ist jedoch unvollständig.

2.3. Welche Anweisung wurde nicht angegeben?

Antwort: ....

Seite A1

Grundsätzlich müssen wir Speicherbereiche, in die irgendwelche Daten übertragen werden, durch Assembleranweisungen DS oder DC festlegen.

2.4. Wie lautet die vollständige DS-Anweisung für nachfolgenden Programmausschnitt?

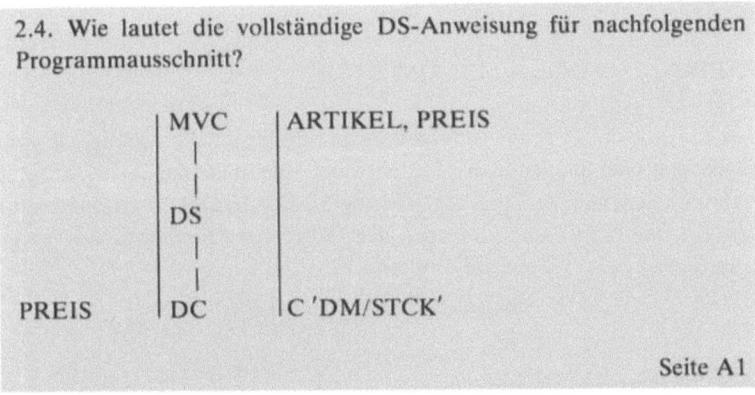

Seite A1

Da genau 7 Bytes zu übertragen sind, werden wir sinngemäß auch 7 Bytes unter dem Namen ARTIKEL reservieren. Die Länge dieses definierten Bereichs nennt man die *implizite Länge* der Adresse ARTIKEL. Entsprechendes gilt auch für die mit einer DC-Anweisung definierten Zeichen, wobei die implizite Länge dann von der Zeichenanzahl abhängt, die in Hochkommata eingeschlossen ist.

13

2.5. Wie groß sind die impliziten Längen von FELD und ART in folgendem Beispiel?

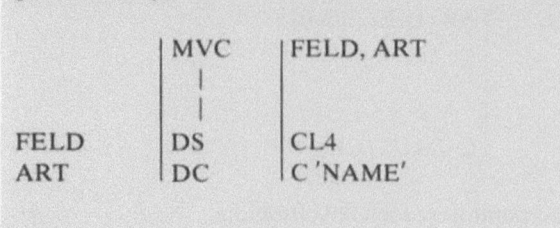

Seite A1

Bislang wurde die implizite Länge der Felder jeweils nach der Anzahl zu übertragender Zeichen orientiert. Welche Verhältnisse ergeben sich aber, wenn der Empfangsbereich *größer als erforderlich* definiert ist?

Beispiel:

	MVC	ARTIKEL, PREIS
ARTIKEL	DS	CL10
PREIS	DC	C 'DM/STCK'

Zur Klärung dieser Frage ist folgendes zu beachten: Gleichgültig wie viele Zeichen mit der Sendeadresse definiert sind – ein MVC-Befehl überträgt so viele Zeichen, wie das Empfangsfeld angibt. *Die Anzahl der zu übertragenden Zeichen richtet sich also nach der Länge des Empfangsfeldes.* Empfangsfeld ist immer der erste Operand.

2.6. Wie viele Zeichen werden demnach von PREIS nach ARTIKEL übertragen?

a) 7 Zeichen   Seite A1
b) 10 Zeichen   Seite A2

Der »Move-Befehl« MVC |ARTIKEL, PREIS wird so ausgeführt, daß zuerst der Inhalt des Speicherplatzes PREIS (C4) nach ARTIKEL übertragen wird. Anschließend wird das nächste Zeichen von

PREIS + 1 (D4) nach ARTIKEL + 1 übertragen. Dieser Vorgang der byteweisen Übertragung wiederholt sich solange, bis genau 10 Bytes übertragen wurden, weil die implizite Länge des Empfangsfeldes 10 beträgt.

Arbeitsspeicherauszug vor Ausführung des MVC-Befehls

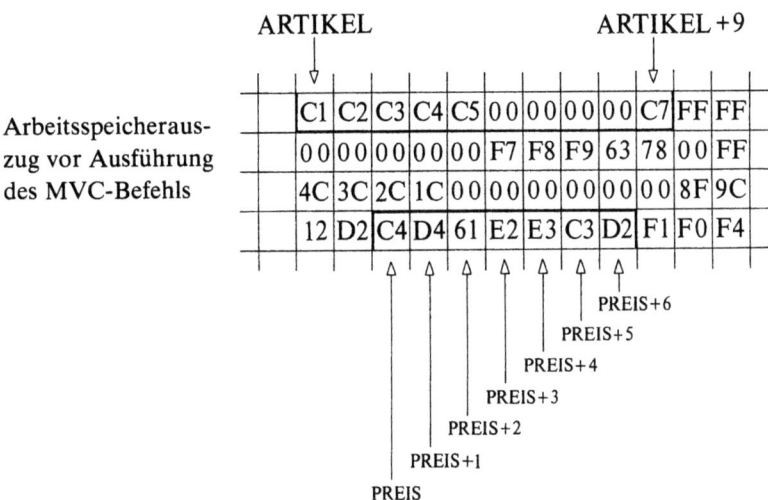

2.7. Was steht nach Ausführung des MVC-Befehls auf den Speicherplätzen ARTIKEL bis ARTIKEL + 9?

a) C1 C2 C3 C4 C5 00 00 00 00 C7   Seite A4
b) C4 D4 61 E2 E3 C3 D2 F1 F0 F4   Seite A2
c) C4 D4 61 E2 E3 C3 D2 00 00 C7   Seite A3
d) C4 D4 61 E2 E3 C3 D2 C4 D4 61   Seite A3

Es wird nun angenommen, daß dem MVC-Befehl die folgenden Definitionen zugrunde liegen.

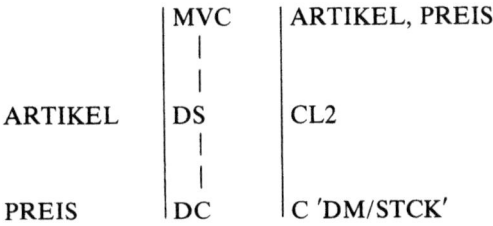

15

Der Arbeitsspeicherinhalt sei der gleiche wie auf Seite 15.

> 2.8. Welcher Inhalt steht nach Ausführung des MVC-Befehls auf den ersten zehn Speicherplätzen des Empfangsfeldes, wenn ARTIKEL mit 2 Bytes definiert ist?
>
> a) C4 D4 61 E2 E3 C3 D2 00 00 C7   Seite A2
> b) C4 D4 C3 C4 C5 00 00 00 00 C7   Seite A4
> c) C1 C2 C3 C4 C5 00 00 00 00 C7   Seite A7
> d) C4 D4 61 E2 E3 C3 D2 F1 F0 F4   Seite A2
> e) Keine der Antworten ist richtig.   Seite A3

Die DS-Anweisung in unserem Beispiel reserviert 2 Bytes. Gleichzeitig legt sie die implizite Länge der Adresse ARTIKEL fest. Da die Anzahl zu übertragender Bytes von der impliziten Länge des Empfangsfeldes bestimmt wird, werden 2 Bytes von PREIS in die beiden reservierten Speicherplätze ab Adresse ARTIKEL übertragen. Das erste Zeichen – D (Verschlüsselung C4) – wird nach ARTIKEL übertragen, das zweite Zeichen – M (Verschlüsselung D4) – von PREIS + 1 nach ARTIKEL + 1 und überschreibt damit C2.

> 2.9. Wie viele Zeichen werden übertragen, wenn die implizite Länge des Empfangsfeldes 256 Bytes und die des Sendefeldes 87 Bytes beträgt?
>
> Antwort: ....
>
> Seite A2

2.2.2. Explizite Länge

Neben der impliziten Längenangabe hat man die Möglichkeit, die gewünschte Länge der Operanden[6], auf die sich der MVC bezieht, direkt im Befehl anzugeben. Um dies zu verdeutlichen, sei folgendes Beispiel gewählt:

---

[6] Ein Operand ist ein definiertes Zeichen bzw. ein zu verarbeitender Speicherinhalt.

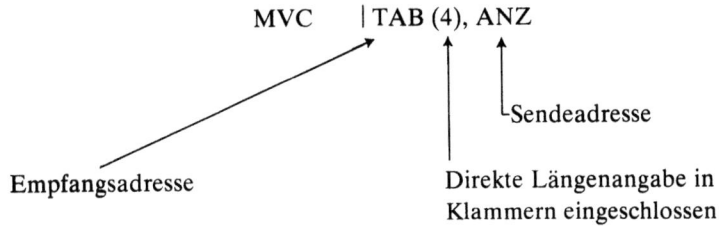

Eine direkte Längenangabe in einem Befehl geht der impliziten Länge vor, ist also bestimmend für die Anzahl zu übertragender Zeichen. Dieser Zusammenhang gilt für alle Befehle.

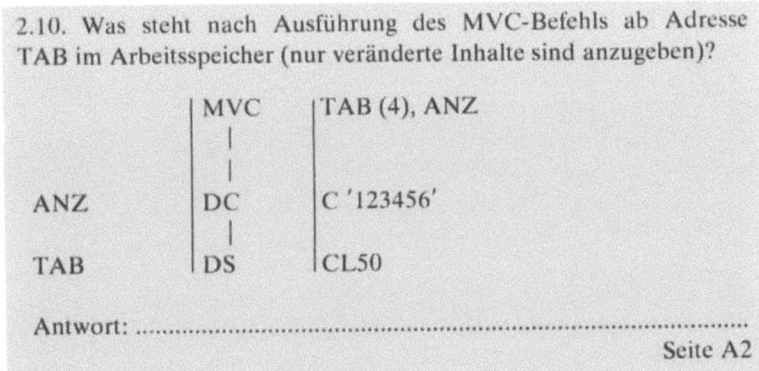

Der vorstehende Programmausschnitt kann wie folgt interpretiert werden: Nur 4 Zeichen – 1, 2, 3, 4 – werden nach TAB übertragen, weil die Längenangabe (4) bestimmend ist. Die implizite Länge ist also nur maßgebend, wenn keine direkte Längenangabe im Befehl selbst gemacht wird. *Eine direkte Längenangabe in einem Befehl wird explizite Länge genannt.* Betrachten wir hierzu ein weiteres Beispiel.

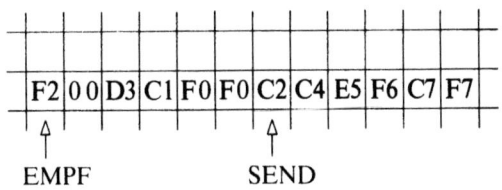

Die 3 Bytes C2, C4 und E5 sollen nach EMPF übertragen werden. Das Empfangsfeld EMPF habe eine Länge von 6 Bytes.

17

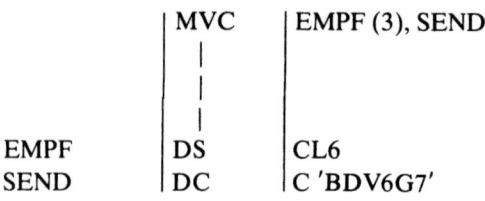

Durch die explizite Längenangabe (3) werden nur 3 Bytes nach EMPF übertragen, die Buchstaben B, D und V[7].

2.11. Wie aber lautet der Inhalt (zeichenweise) ab Adresse EMPF, wenn folgender Befehl ausgeführt wird (Speicherinhalt wie auf Seite 17)?

	MVC	EMPF, SEND
EMPF	DS	CL6
SEND	DC	C 'BDV6G7'

Antwort EMPF: ....

Seite A2

2.12. Es sollen alle fehlenden Angaben nachgetragen werden, um die Daten D3, C1, F0 ab Adresse EMPF + 2 in vorstehendem Speicherauszug mit B, D, V zu überschreiben.

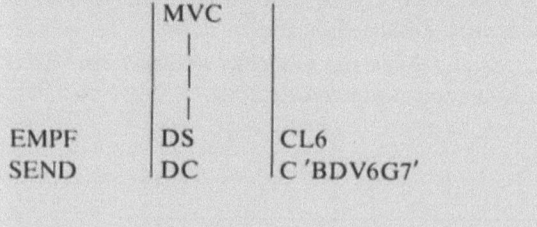

Seite A2

---

[7] Das Empfangsfeld wird hier länger definiert, als zur Übertragung von 3 Bytes notwendig wäre. Dies ist z. B. angebracht, wenn an anderer Stelle des Programms weitere Zeichen in den festgelegten Bereich übertragen werden sollen.

2.3. Varianten bei der Definition von Konstanten

Zwei Varianten bei der Festlegung von Konstanten sollen noch erwähnt werden. Es sei angenommen, die abdruckbare Zahl 999999 werde in einen Ausgabebereich übertragen. Zu diesem Zweck definieren wir diese Zahl mit einer DC-Anweisung:

| ZAHL | DC | C'999999' | (1) |

Dieses Verfahren, sechsmal die Ziffer 9 zu schreiben, ist umständlich, dafür schreibt man kürzer:

| ZAHL | DC | 6C'9' | (2) |

                          ↑
                    Wiederholungsfaktor

Zwischen den Anweisungen (1) und (2) ist jedoch ein Unterschied zu beachten: In der Anweisung (1) beträgt die implizite Länge des Feldes ZAHL *6 Bytes*, in (2) nur *1 Byte*. Die implizite Länge resultiert in beiden Fällen also aus der Anzahl von Zeichen, die in Hochkommata eingeschlossen ist.

Beispiele:

	Anweisung		Ergebnis	Implizite Länge
(3)	DC	5C'4'	F4 F4 F4 F4 F4	1
(4)	DC	C'123'	F1 F2 F3	3
(5)	DC	100C'1'	100 mal F1	1
(6)	DC	2C'A'	C1 C1	1

Bei Konstantendefinitionen kann auch eine Länge angegeben werden. Die folgenden *Beispiele* sollen dies verdeutlichen.

	Anweisung		Ergebnis	Implizite Länge
(7)	DC	CL3'1'	F1 40 40	3
(8)	DC	CL3'123'	F1 F2 F3	3
(9)	DC	2CL4'0'	F0 40 40 40 F0 40 40 40	4
(10)	DC	CL4'ABCDEF'	C1 C2 C3 C4	4
(11)	DC	2CL4'ABCDEF'	C1 C2 C3 C4 C1 C2 C3 C4	4

Folgende Regelung gilt: *Wenn in der DC-Anweisung eine Länge angegeben ist, so ist diese für die Anzahl zu definierender Zeichen maßgebend, gleichgültig, wie viele Zeichen in Hochkommata eingeschlossen sind* [vgl. (7), (9), (10), (11)]. Falls die Längenangabe größer ist als die Anzahl der in Hochkommata eingeschlossenen Zeichen, werden bei einer *C-Konstanten* die fehlenden Stellen nach rechts mit Zwischenraum[8] aufgefüllt [vgl. (7) und (9)]. Eine Längenangabe in einer DC-Anweisung gibt also die implizite Länge der Konstanten an. Nur wenn keine Länge angegeben ist, bestimmt sich die implizite Länge, wie bereits vermerkt, aus der Anzahl in Hochkommata eingeschlossener Zeichen.

2.4. Assembleranweisungen

In Abschnitt 2.1 haben wir bereits Assembleranweisungen betrachtet. So kann z. B. der Assemblerübersetzer mit DC und DS angewiesen werden, Konstanten zu definieren und Speicherbereiche festzulegen. Im Unterschied zu einem Befehl, der die Zentraleinheit betrifft, bezieht sich eine Anweisung auf den Assemblerübersetzer.

Assembleranweisungen (Assemblerinstruktionen) dienen ganz allgemein zur Ausführung von Hilfsfunktionen während des Übersetzungsvorgangs.

Neben den Befehlen sind Assembleranweisungen feste Bestandteile der Assemblersprache.

2.4.1. Die START-Anweisung

Um ein Programm in der Assemblersprache zu *übersetzen*, muß dem Assembler der Programmanfang mitgeteilt werden. Diesem Zweck dient die Assemblerinstruktion START.

Name	Operation	
	START	

Hier kann ein Programmname angegeben werden. ⇧

⇧ Operationsteil der Assembleranweisung START

---

[8] Vgl. dazu die EBCDI-Code-Tabelle im Anhang. Die Verschlüsselung für Zwischenraum lautet: 40 $_{(16)}$.

Für den Übersetzer hat die Instruktion START folgende Bedeutung: Sie gibt den Bezugspunkt an, von dem aus alle Befehle und Anweisungen (DS, DC) durchadressiert werden. Darüber hinaus wird die Zuordnung eines Programmnamens ermöglicht.

Beispiel:

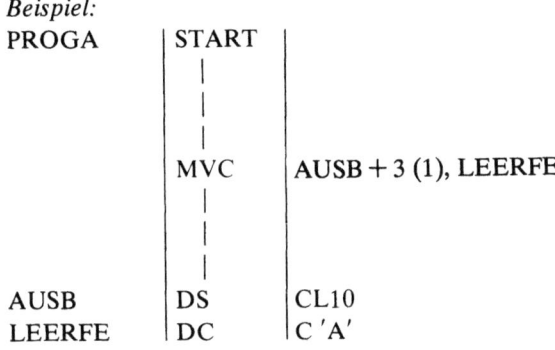

Zu Beginn dieses Programms steht die Assembleranweisung START, die den Programmanfang angibt. Im Namensfeld ist außerdem der Programmname PROGA festgelegt.

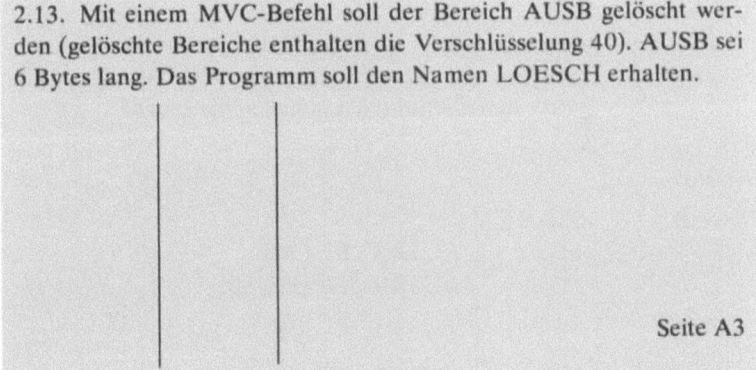

2.13. Mit einem MVC-Befehl soll der Bereich AUSB gelöscht werden (gelöschte Bereiche enthalten die Verschlüsselung 40). AUSB sei 6 Bytes lang. Das Programm soll den Namen LOESCH erhalten.

Seite A3

2.4.2. Die END-Anweisung

Durch die START-Anweisung wurde der Programmbeginn vereinbart. Für den Assembler als Übersetzer bedeutet dies – Beginn der Übersetzung –. Mit der END-Anweisung wird die Übersetzung beendet.

2.14. Weshalb muß es in einem Assemblerprogramm eine definierte letzte Anweisung geben?

a) Der Assembler erkennt an einer END-Anweisung das Programmende und kann dadurch das »Durchadressieren« beenden. Seite A2
b) Eine letzte Anweisung in einem Assemblerprogramm steht in keiner Beziehung zum Assembler-Übersetzer, vielmehr zeigt sie dem Programmierer das Programmende an. Seite A4

Analog zu der START-Anweisung, die einen Bezugspunkt für den Beginn des Übersetzungsvorgangs darstellt, gibt es die END-Anweisung, die dem Assembler das Ende eines Übersetzungsvorgangs signalisiert. Die Assembleranweisung END muß immer die letzte Anweisung eines Primärprogramms[9] sein.

Name	Operation	
	END	

Unbenutzt — Hier kann die symbolische Adresse des ersten Programmbefehls angegeben werden (darauf wird in Abschnitt 3.4 näher eingegangen).

Beispiel:

PROGB	START	
ANF	MVC	AUSB(1),BLANK
	MVC	AUSB+1(99),AUSB
	|	
AUSB	DS	CL100
BLANK	DC	C' ␣ '
	|	
	END	ANF

---

9 Ein z.B. in Assembler, FORTRAN oder COBOL geschriebenes Programm wird als Primär- oder Quellprogramm bezeichnet.

2.15. Welche Ausdrücke in diesem Programm sind Befehle, welche Anweisungen?

a) Befehle: ....

Anweisungen: ....

Was steht nach Ausführung dieses Programms in dem durch AUSB definierten Speicherbereich?

b) ....

Seite A3

Der erste MVC-Befehl in dem vorstehenden Programmausschnitt überträgt eine Leerstelle (40), die durch eine DC-Anweisung unter BLANK erzeugt wurde, in die erste Speicherstelle von AUSB.

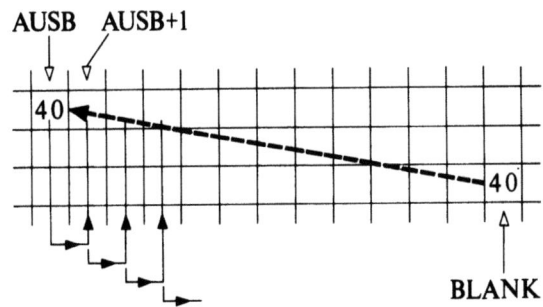

Der zweite MVC-Befehl überträgt dann den Inhalt von AUSB, jetzt 40, nach AUSB + 1. Da sich aber die Anzahl zu übertragender Bytes nach der expliziten Längenangabe im Befehl richtet, werden noch 98 Übertragungen ausgeführt, so daß sich im weiteren Verlauf des Byte-Transfers die Leerstelle 40 sozusagen von einer Stelle zur nächsten »fortpflanzt«.
Der definierte, 100 Bytes große Bereich AUSB enthält somit 100 Leerstellen mit der Verschlüsselung 40. Die Längenangabe (99) muß im zweiten MVC-Befehl deshalb stehen, weil durch den ersten MVC-Befehl bereits das erste Byte von AUSB mit einem Leerzeichen versorgt wurde.
Die END-Anweisung schließlich gibt dem Assembler das Ende des zu übersetzenden Programms an.

2.5. Übersetzung des Quellprogramms

Die Übersetzungsproblematik wurde in Kapitel 1 bereits ganz allgemein dargestellt. Die dort gewonnenen Erkenntnisse sollen nun vervollständigt werden.

Der auf Seite 8 als Beispiel gewählte »MVC-Befehl« macht deutlich, daß dieser Befehl im Maschinencode einen bestimmten Speicherbereich belegt. Im Gegensatz hierzu stehen jedoch die Assembleranweisungen, die bei der Übersetzung verschiedenartig behandelt werden. So werden dem Assembler beispielsweise durch die Anweisungen START und END lediglich Anfang und Ende eines zu übersetzenden Programms angegeben, so daß hierfür kein Speicherplatz vorzusehen ist. Werden dagegen in einem Assemblerprogramm DC- oder DS-Instruktionen verwendet, so bleiben die Operationsteile DC oder DS zwar unübersetzt, die bei der Übersetzung erzeugten Zeichen oder Felder aber belegen Speicherplatz. Damit wir weitere Aussagen über die Behandlung von Befehlen und Anweisungen bei der Übersetzung machen können, müssen wir zunächst den Begriff *des Befehlsformats* erörtern.

2.5.1. Befehlsformat

Für die Assemblersprache ist die Kenntnis der verschiedenartigen Befehlsformate von wesentlicher Bedeutung. Wie noch zu zeigen sein wird, gibt es unterschiedlich aufgebaute Befehle und demzufolge unterschiedliche Befehlsformate. Die Struktur eines Maschinenbefehls nennt man Befehlsformat. In dem nachfolgenden Bild ist das Format des MVC-Befehls dargestellt, dessen Kenntnis für die nachstehenden Erläuterungen benötigt wird.

```
            MVC  FELD+7(1),BER
             ↓    ↓    ↓    ↓
```

Befehlsformat:	Op-Code	Länge	Empfangs-adresse	Sende-adresse
	1 Byte	1 Byte	2 Bytes	2 Bytes

In dieses Format – Op-Code, Länge, Empfangsadresse, Sendeadresse – wird jeder MVC-Befehl bei der Übersetzung umgesetzt.

2.16. Wie viele Bytes Arbeitsspeicherplatz benötigt infolgedessen jeder MVC-Befehl?

Antwort: ....

Seite A4

Der Operationscode des MVC-Befehls lautet sedezimal D2. Die explizite Längenangabe von 1 Byte wird in die Länge 00 übersetzt, weil die Zentraleinheit bereits bei der Angabe 00 1 Byte überträgt[10]. 2 Bytes werden übertragen, wenn 01 im Längenfeld steht, 3 Bytes bei der Angabe 02 usw.

2.17.   MVC |FELD(4),REFE

a) Wie viele Bytes werden übertragen?

Antwort: ....

b) In welche Angabe wird die explizite Länge (4) übersetzt?

Antwort: ....

Seite A4

Den Befehl MVC |FELD + 7(1),BER können wir nun in die Maschinensprache umsetzen.

Befehlsformat:
(Maschinenbefehl)

Op Code	Länge	Empfangs-adresse	Sende-adresse
D2	0 0	0 0 2 9	0 0 3 6

⇧   ⇧   ⇧   ⇧
MVC (1)   FELD+7   BER

Die symbolische Adresse FELD + 7 wird z. B. in die sedezimale Adresse 0029 und BER in die Adresse 0036 übersetzt. Die Angaben in der Assemblerschreibweise werden bei der Übersetzung immer in sedezimale Werte (Binärmuster) umgesetzt.

---

10 Bedingt durch die Konzeption der meisten Dv-Anlagen.

2.5.2. Adreßpegel und Adreßbuch

Es ist zu fragen, *wie* in dem nachfolgenden Programmausschnitt

	START	0
	MVC	FELD + 7(1),BER
	MVC	FELD + 3(2),AUS
	MVC	FELD + 10(3),AUS
	|	
	|	
	|	
FELD	DS	CL20
BER	DC	C'A'
AUS	DC	C'123'
	END	

ein ordnungsgemäßer Byte-Transfer an die Stellen FELD + 7, FELD + 3 und FELD + 10 gewährleistet werden kann. Wie also kann das Übersetzungsprogramm bei der Umsetzung in die Maschinensprache die »richtigen« Adressen anstelle der symbolischen einsetzen?
Um diese Aufgabe zu lösen, verfügt der Assembler über einen Hilfszähler, der jede belegte Stelle in einem Programmraum registriert. *Dieser Hilfszähler, der während der Übersetzung von Bedeutung ist, wird Adreßpegel oder Location-Counter genannt.*
Mittels des Adreßpegels ist genau feststellbar, wieviel Speicherplatz die einzelnen Befehle und Anweisungen (DS,DC) benötigen. Zudem kann so der *»Standort«* der einzelnen Ausdrücke innerhalb eines Programms bestimmt werden. *Der Adreßpegel gibt jeweils die Adresse des nächstfolgenden freien Speicherplatzes an.*
Durch die Anweisung START | 0 wird dem Adreßpegel der Wert Null zugewiesen[11]. Da ein MVC-Befehl 6 Bytes im Arbeitsspeicher belegt, wird der Adreßpegel also, bei Null beginnend, durch jeden der drei MVC-Befehle um sechs erhöht. Ab dem Adreßpegel $22_{(16)}$ stehen dann, wie auf der nächsten Seite ersichtlich, z. B. die Konstanten und Speicherbereiche. Da die erste DS-Anweisung 20 Bytes Speicherplatz reserviert, erhöht sich der Adreßpegelstand auch um 20, d. h. die DS-Anweisung wird so realisiert, daß der Adreßpegel um die Anzahl zu reservierender Stellen weitergeschaltet wird.

---

11 Wenn keine direkte Wertangabe in der START-Anweisung angegeben ist, nimmt der Assembler automatisch den Wert 0 an.

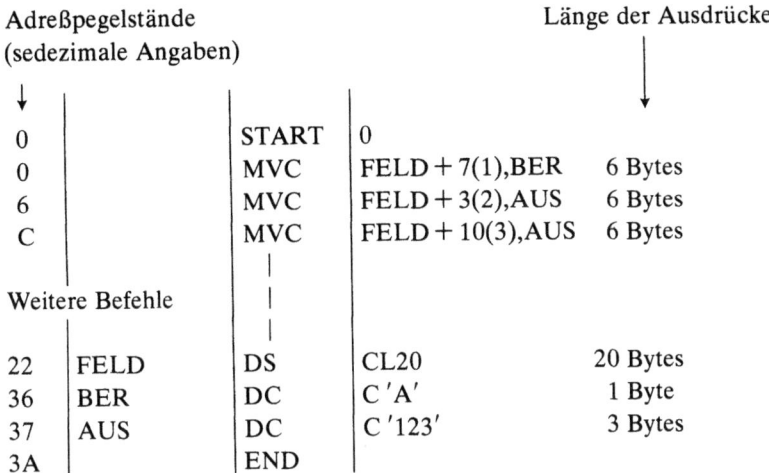

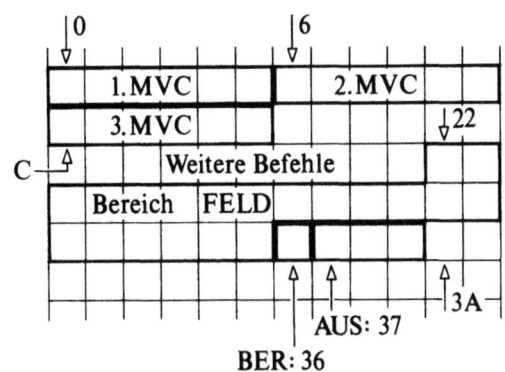

Nach Erhöhung um 20 Bytes beläuft sich der Stand des Adreßpegels auf $36_{(16)}$. Durch das Zeichen A und die Ziffern 1, 2, 3 beträgt der Endstand folglich 3A. Die END-Anweisung nimmt keinen Einfluß auf den Adreßpegel, da diese Anweisung lediglich zur Steuerung des Übersetzungsvorgangs dient. Das letzte Byte des Programmraumes hat die Adresse $39_{(16)}$; damit belegt das als Beispiel gewählte Programm $3A_{(16)} = 58_{(10)}$ Bytes (von $0_{(16)}$ bis $39_{(16)}$).

Mit dem Adreßpegel kann der Assembler dann auf recht einfache Weise die symbolischen Adressen in echte Arbeitsspeicheradressen umwandeln, da der laufende Adreßpegel sozusagen die »Standorte« der Befehle und Anweisungen eines Programms angibt.

Die symbolischen Adressen FELD + 7 und BER des Befehls

MVC |FELD + 7(1),BER

werden bei der Übersetzung nach folgendem Verfahren in Arbeitsspeicheradressen umgesetzt:
Der Assembler baut zunächst eine Tabelle auf, in der alle symbolischen Namen und deren zugehörige Adreßpegelstände notiert werden. Diese Tabelle heißt Adreßbuch.

Adreßbuch: (sedezimale Angaben)	Symbol	Adreßpegel	L	
Kurzbegriff für symbolischer Name	FELD	0022	14	
	BER	0036	01	Implizite Länge
	AUS	0037	03	

Nachdem das Adreßbuch erstellt ist, werden alle Befehle in das Maschinenformat umgesetzt, indem *die mnemotechnischen Operationsteile in den Maschinencode übersetzt, die Längenangaben ermittelt und um Eins reduziert und die symbolischen Adressen mit Hilfe des Adreßbuches in Speicheradressen umgesetzt werden.*
Der Assembler muß also, um aus einer symbolischen Adresse eine Arbeitsspeicheradresse zu erzeugen, im Adreßbuch »nachsehen«, und die symbolische Adresse durch den zugehörigen Adreßpegel ersetzen. Der erste MVC-Befehl in unserem Beispiel hat dann nach der Übersetzung folgendes Aussehen:

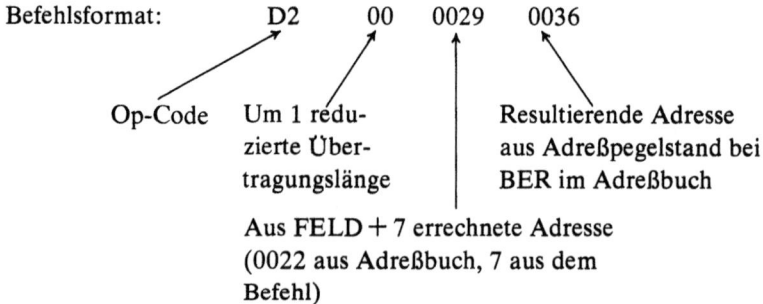

Befehlsformat: D2   00   0029   0036

Op-Code   Um 1 reduzierte Übertragungslänge   Resultierende Adresse aus Adreßpegelstand bei BER im Adreßbuch

Aus FELD + 7 errechnete Adresse (0022 aus Adreßbuch, 7 aus dem Befehl)

Übungen zu den Kapiteln 1 und 2

Die Ergebnisse der folgenden Aufgaben sind im Lösungsteil ab Seite A5 zu finden.

1. Welche Daten (sedezimal) werden in den folgenden DC-Anweisungen bei der Übersetzung erzeugt?

   a) DC CL1 'A' ....
   b) DC CL2 'A' ....
   c) DC CL2 'AA' ....
   d) DC CL5 '0' ....
   e) DC 5CL1 '1' ....
   f) DC 2CL3 '1' ....
   g) DC 2CL2 '12' ....

2. Welche impliziten Längen liegen bei den Anweisungen 1.a bis 1.g vor?

   a) .... e) ....
   b) .... f) ....
   c) .... g) ....
   d) ....

3. Welche der angegebenen Ausdrücke sind falsch?

	Anweisungen		Ergebnis	Implizite Länge
a)	DC	C '12'	F1 F2	2
b)	DC	CL2 '1'	F1 40	2
c)	DC	3C '1'	F1 F1 F1	3
d)	DC	2CL2 '0'	F0 F0 F0 F0	2
e)	DC	C '111'	F1 F1 F1	3
f)	DC	CL2 'AB'	C1 C2	2

4. Wie lautet die implizite Länge von MULT in dem folgenden Programmausschnitt?

```
LOESC   START   0
        |
        |
        MVC     MULT+1(1),REF
        MVC     MULT+2(8),MULT+1
        |
        |
MULT    DS      CL10
REF     DC      C'F'
        END
```

Antwort: ....

5. Welche Längenangaben in obigem Programmausschnitt sind explizite?

Antwort: ....

6. Was steht nach Ausführung der MVC-Befehle in dem Beispiel aus Frage 4 ab Adresse MULT+1 im Arbeitsspeicher?

Antwort: ....

7. Wie lautet die DC-Anweisung zur Definition des Textes »VERTRETERPROVISIONEN«?

Antwort:

8. Wie viele Bytes werden mit dem folgenden MVC-Befehl übertragen?

	MVC	AUSB+1(3),AUSB
AUSB	DS	CL5

Antwort: ....

9. Mit einer DS-Anweisung soll ein 256 Bytes langes Feld unter dem Namen BERECH im Arbeitsspeicher reserviert werden. Die Aufgabe ist auf zwei verschiedene Arten zu lösen. BERECH soll einmal die implizite Länge 1 haben, im anderen Fall die implizite Länge 256.

| BERECH | DS | |
| BERECH | DS | |

10. Ein Ausgabebereich von 132 Bytes soll per Programm (mit den Zeichen $40_{(16)}$) gelöscht werden.

11. Gegeben sei das folgende Programm:

    Adreßpegel

0	PROGC	START	0
0		MVC	BA(1),RAF
6		MVC	BA+1(3),CAD
		|	
		|	
18	BA	DS	CL4
1C	RAF	DC	C'A'
1D	CAD	DC	C'DAC'
		END	

    Der zweite MVC-Befehl ist in das nachfolgende Maschinenprogramm einzutragen:

    0000: D2 00 0018 001C
    0006:
    |
    |
    |
    0018: XX XX XX XX ←———— Irgendwelche Daten;
    001C: C1   diese Stellen werden
    001D: C4 C1 C3   bei der Übersetzung
                              lediglich reserviert.

12. Welcher Zeicheninhalt steht nach Ausführung der beiden MVC-Befehle aus Aufgabe 11 im Bereich BA?

    Antwort: ....

3. Stufen zum Programmlauf

3.1. Erfassung der Programmdaten

In den vorangehenden Abschnitten haben wir Befehle und Anweisungen nach einem bestimmten System untereinander aufgelistet und dabei drei Felder unterschieden: ein Feld für symbolische Namen, eines für Operationsteile und eines für Operanden.

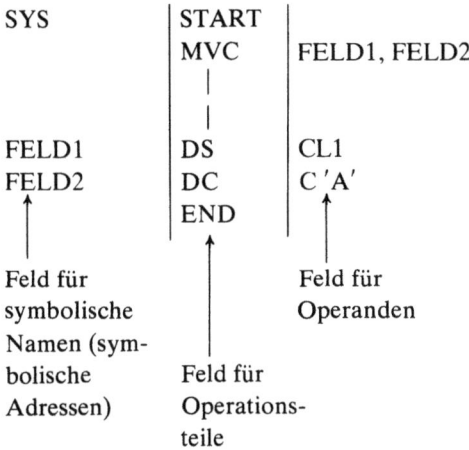

Mit dieser Einteilung haben wir bereits ein Assemblerprogramm-Formular teilweise vorweggenommen, um Befehle und Anweisungen eines Programms schon mit einer gewissen Systematik niederzuschreiben. Mit dem Assemblerformular werden grundsätzlich alle Daten erfaßt, die zu einem Assemblerprogramm gehören.

3.1.1. Das Assemblerformular

Jedes Assemblerformular ist einheitlich nach folgendem Schema aufgebaut:

Verschiedene Felder

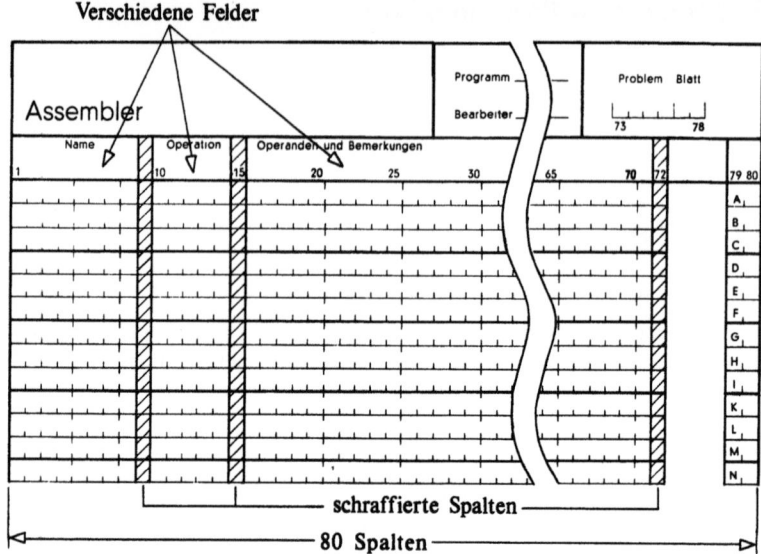

Auf der nächsten Seite ist ein vollständiges Assemblerformular (verkleinert) ersichtlich. Das Feld für symbolische Namen ist 8 Stellen lang (ein symbolischer Name kann also nicht länger sein als 8 Zeichen) und wird *Namensfeld* genannt.
Zur Abgrenzung von den symbolischen Namen (Adressen) und den Operanden werden die Operationsteile durch zwei schraffierte Spalten eingerahmt. Das Feld Operation ist 5 Stellen lang (Operationsteile haben also höchstens eine Länge von 5 Zeichen).
Ab Spalte 16 stehen dann die Operanden und Operandenadressen, die theoretisch alle Spalten bis einschließlich Spalte 71 belegen können. Sollte der Fall auftreten, daß das Operandenfeld bis einschließlich Spalte 71 zu klein ist, besteht die Möglichkeit, durch ein beliebiges Zeichen in Spalte 72 (wieder schraffiert) – z. B. * – ab der Spalte 16 der folgenden Zeile weiterzuschreiben[12].
Die Spalten 73 bis 80 können zur Programmidentifikation verwendet werden (z. B. Numerierung der Befehle und Anweisungen).
Für jedes Zeichen (Buchstaben, Ziffern, Sonderzeichen) wird genau *eine Spalte* verwendet. Innerhalb der symbolischen Namen darf kein Zwischenraum (Leerspalte) sein, ebenso nicht innerhalb der mnemotechnischen Operationsteile. Zwischen den Operanden und den Trennkommata dürfen gleichfalls keine Zwischenräume stehen.

---

[12] Im Anhang, Seite A18, sind die notwendigen Fakten zum Assemblerformular stichwortartig zusammengefaßt.

Assembler

Programm ______________________

Bearbeiter ______________________ ☎ ______________ Datum ______________

Problem Blatt
73 78

Name (1)	Operation (10)	Operanden und Bemerkungen (15 20 25 30 35 40 45 50 55 60 65 70)	72	Spalten 73—78 siehe Kopfzeile	79 80
					A
					B
					C
					D
					E
					F
					G
					H
					I
					K
					L
					M
					N
					P
					Q
					R
					S
					T
					U
					V
					W
					X
					Y
					Z

Zwischenräume dienen nur zur Abgrenzung von symbolischen Namen und Operationsteilen und von Operationsteilen und Operanden. *Diese Zwischenräume sind obligatorisch.* Es ist zusätzlich möglich, Befehle und Anweisungen mit Bemerkungen zu versehen. Wenn im Operandenfeld noch Bemerkungen folgen sollen, muß zwischen dem letzten Operanden und den Bemerkungen mindestens ein Zwischenraum gesetzt werden.

Beispiel:

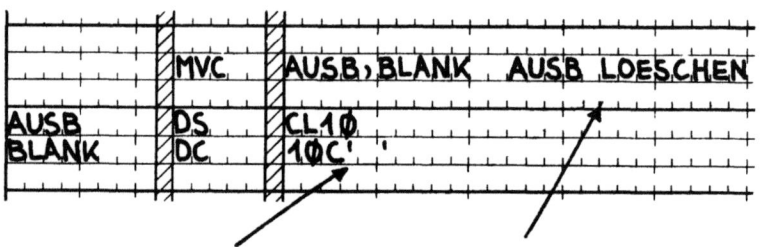

Leerzeichen werden im Assemblerformular durch Hochkommata eingeschlossen, jedoch nicht durch ein bestimmtes Zeichen dargestellt.

Bemerkungen, auch Kommentare genannt, die dem Programmierer bei späterem Durchsehen das schnellere Verständnis ermöglichen sollen. Bei den Kommentaren dürfen Zwischenräume gesetzt werden (Kommentare werden nicht übersetzt).

3.1. Der nachfolgende Programmausschnitt enthält hinsichtlich der Eintragung im Formular einen formalen Fehler. Die fehlerhafte Zeile ist zu markieren.

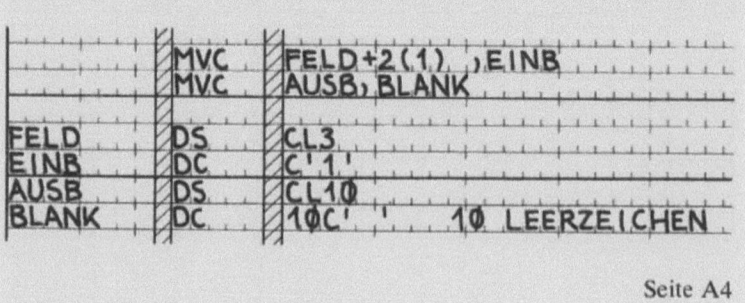

Seite A4

Auf der nächsten Seite sind noch einige Sonderfälle bezüglich der Regeln des Eintrags in das Assemblerformular aufgezeigt.

Name	Operation	Operanden und Bemerkungen
ASSEMB1	START	0
	MVC	AUSBEREI+1,NACHSCH
		DEFINITIONEN
*		
AUSBEREI	DS	CL68
NACHSCH	DC	C'KUNDENSTATISTIK ZUR UEBERPRUEFUNG DES JAEHRLICHEN AUFT*
		RAGSEINGANGES'
	END	

Falls eine Zeile nur für einen Kommentar verwendet werden soll, muß in Spalte 1 ein Stern (✱) eingetragen werden (siehe Zeile 6). Kommentare werden nicht mitübersetzt, sondern lediglich im Assemblerprotokoll, das gewöhnlich nach jeder Übersetzung über einen Schnelldrucker ausgegeben wird, abgedruckt. Unter dem Namen NACHSCH soll eine Überschrift erzeugt werden, die aber länger ist, als der verbleibende Platz (von 16 bis 71) in einer Zeile. Für diesen Fall kann man (maximal) eine Fortsetzungszeile ab Stelle 16 verwenden, wenn in Spalte 72 ein beliebiges Zeichen (hier ✱) eingetragen wird.

Zur Unterscheidung vom Buchstaben O werden Nullen in Assemblerformularen in diesem Lernprogramm durchgestrichen.

3.1.2. Assemblerprogramm auf Datenträgern

Nachdem ein Programm auf den vorgedruckten Formularen niedergeschrieben ist, müssen diese Daten auf einen maschinenlesbaren Datenträger übernommen werden. Dabei entspricht eine Zeile des Assemblerformulars einem Satz auf dem Datenträger. In Teil I dieses Lernprogramms werden als Datenträger nur Lochkarten verwendet.

Beispiel:

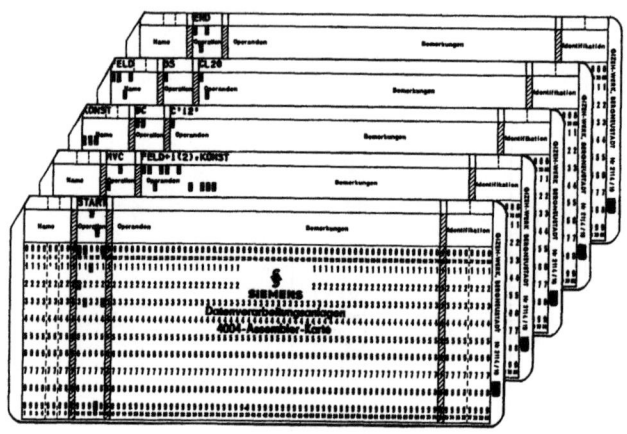

Für das Ablochen von Assembler-Quellprogrammen gibt es eigens dafür vorgesehene Lochkarten, auf denen die Spalten 9 und 15 wie auf dem Assemblerformular markiert sind.

Im allgemeinen werden beim Lochen einer Karte die zu lochenden Zeichen am oberen Rand in Klarschrift abgedruckt.

Nachdem so sämtliche Befehle, Anweisungen und Kommentare auf Lochkarten übertragen wurden, wird der resultierende Kartenstapel – Reihenfolge der Karten wie die Reihenfolge der Ausdrücke auf dem Formular – mit einem Lochkartenleser zur Übersetzung in den Arbeitsspeicher eingelesen.

Die Maßnahmen, die zum Einlesen, Übersetzen und Starten eines Programms erforderlich sind, trifft in einem Rechenzentrum gewöhnlich ein Operator, der mit Hilfe eines die Hardware ergänzenden sogenannten Betriebssystems die notwendigen Abläufe steuert. Der Begriff Betriebssystem ist ein Sammelname für alle Programme, die von einem Dv-Hersteller zum Betrieb einer Anlage zur Verfügung gestellt werden (z.B. Übersetzungsprogramme wie Assembler, COBOL oder FORTRAN oder Steuerungsprogramme, z. B. zum Einlesen von Programmkarten, oder Hilfsprogramme).

Die Programme des Betriebssystems werden Systemprogramme genannt und sind bei den modernen Betriebsystemen im allgemeinen auf einem Plattenspeicher hinterlegt. Je nach Bedarf kann der Operator diese Systemprogramme in den Arbeitsspeicher laden, um sie dann zum Ablauf zu bringen.

3.2. Übersetzungsvorgang, das Modul

Im Abschnitt 2.5 wurde erläutert, wie die Übersetzung erfolgt. Nach Erstellung des Adreßbuches wird das Quellprogramm in die Maschinensprache der Zentraleinheit umgesetzt. Das übersetzte, in Maschinensprache vorliegende Programm nennt man *Objektmodul* oder kurz *Modul*.

Ein Modul wird nach der Übersetzung nicht im Arbeitsspeicher gespeichert, sondern normalerweise auf der Systemplatte (Plattenspeicher, auf dem die Bestandteile des Betriebssystems gespeichert sind) *in einem dafür vorgesehenen Bereich hinterlegt.*

Ein Modul ist jedoch erst eine »Zwischenstation« auf dem Weg zum ablauffähigen Programm, *das aber noch nicht gestartet werden, also seine vorbestimmte Aufgabe noch nicht erfüllen kann* (um aus einem Modul ein ablauffähiges Programm zu machen, müssen noch einige »Organisationsdaten« ergänzt werden). Der folgende Abschnitt behandelt den Unterschied zwischen Modul und ablauffähigem Programm.

3.3. Modul – Phase

Die folgende Skizze zeigt die Zwischenzustände vom Quellprogramm zum Modul.

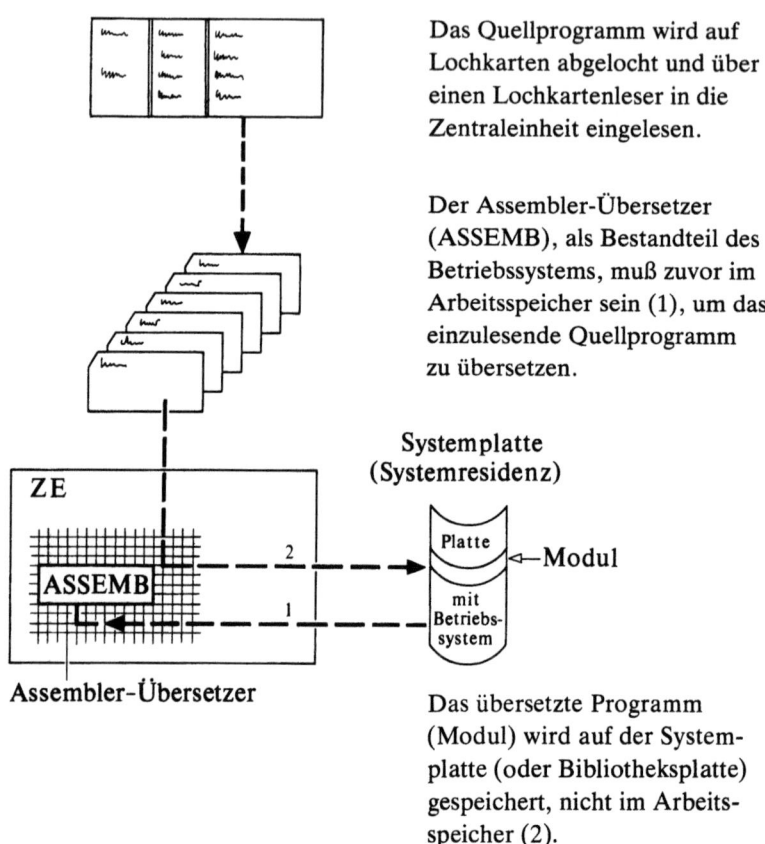

Das Quellprogramm wird auf Lochkarten abgelocht und über einen Lochkartenleser in die Zentraleinheit eingelesen.

Der Assembler-Übersetzer (ASSEMB), als Bestandteil des Betriebssystems, muß zuvor im Arbeitsspeicher sein (1), um das einzulesende Quellprogramm zu übersetzen.

Assembler-Übersetzer

Das übersetzte Programm (Modul) wird auf der Systemplatte (oder Bibliotheksplatte) gespeichert, nicht im Arbeitsspeicher (2).

Ein spezielles Programm des Betriebssystems (Binder) ergänzt nun noch einige Organisationsdaten und erzeugt so aus dem Modul ein ablauffähiges Programm, das *Phase* genannt wird. Man spricht vom *Binden* eines Moduls zu einer Phase[13].

---

13 Folgendes Beispiel sei hierzu angeführt: Bei sehr komplexen Problemstellungen wird das zur Realisierung notwendige, meist umfangreiche Programm von mehreren Programmierern erstellt, indem jeder Programmierer einen bestimmten Programmabschnitt codiert. Nach Fertigstellung dieser einzelnen Pro-

Die erzeugte Phase wird ebenfalls auf einer Magnetplatte zwischengespeichert und kann nun in den Arbeitsspeicher gebracht werden. *Man spricht dann vom Laden eines Programms.* Nachdem das Programm in den Arbeitsspeicher geladen ist, kann es dort nach dem Starten *Befehl für Befehl* ablaufen und die vorgegebene Funktion erfüllen.

3.2. Welche der folgenden Aussagen sind richtig?
a) Das übersetzte Programm wird Phase genannt.
b) Grundsätzlich muß jedes Quellprogramm übersetzt und gebunden werden, ehe es ablauffähig ist.
c) Ablauffähiges Programm = Phase.
d) In Ausnahmefällen kann eine Phase auf dem Plattenspeicher ablaufen.
e) Eine Phase kann nur im Arbeitsspeicher ablaufen.   Seite A4

Was heißt nun »Ablaufen« eines Programms genauer? Wenn eine Phase in den Arbeitsspeicher geladen ist, sind alle Voraussetzungen erfüllt, um die einzelnen Befehle auszuführen. Die jeweiligen Befehle in der programmierten Reihenfolge abzuarbeiten, ist Aufgabe der Programmsteuerung einer Zentraleinheit.

3.4. Befehlszähler und Startadresse

Um ein Assemblerprogramm zu übersetzen, muß man den Programmbeginn vereinbaren. Dies gewährleistet die Anweisung START, die den Anfangsadreßpegel (bislang START|0) angibt.
Analoges gilt für den Programm*ablauf*. Damit die Programmsteuerung die einzelnen Maschineninstruktionen ausführen kann, muß ihr zuvor der »Befehlsbeginn« – das ist die Adresse des ersten Befehls eines Programms – mitgeteilt werden kann. *Diese Startadresse eines Programms wird in der END-Anweisung angegeben.*

---

grammabschnitte werden diese übersetzt. Damit ein ablauffähiges Programm entstehen kann, müssen die durch die Übersetzung erhaltenen Modulen – z. B. durch Anpassen der verschiedenen Adressen – zu einer Phase gebunden werden. Für den Begriff Phase ist auch der Name Lademodul gebräuchlich.

Beispiel:

Name	Operation	Operanden und Bemerkungen
1	10 15	20 25 30 35 40
	START	0
BEGINN	MVC	FELD(132),FELD-1
	MVC	FELD+10(17),KONST
	.	
	.	
	DC	C' '
FELD	DS	CL132
KONST	DC	C'ERGEBNISPROTOKOLL'
	END	BEGINN

Der symbolische Name des ersten Befehls in diesem Beispiel heißt BEGINN. Diese Angabe in der END-Anweisung übermittelt dem Assembler, bei welcher Adresse beim Programmablauf begonnen werden soll.

Die END-Anweisung hat also zwei Funktionen: die Übersetzung zu beenden und die Adresse festzulegen, bei der nach dem Ladevorgang zu starten ist.

Der Wert der symbolischen Adresse BEGINN ist nach dem Laden des Programms die Anfangsadresse für die Programmsteuerung. Ähnlich wie der Assembler-Übersetzer, der mit einem Hilfszähler während der Übersetzung die einzelnen Zeilen (Statements) durchadressiert, verfährt auch die Programmsteuerung der Zentraleinheit beim Abarbeiten der einzelnen Befehle.

Der Zähler der Steuerung heißt Befehlszähler (Program-Counter). Er notiert die Adresse des jeweils nächsten, zur Ausführung anstehenden Befehls. Daraus folgt, daß der Befehlszähler nach dem Laden des Programms den Wert der symbolischen Adresse (z.B. 0000) enthält, die in der END-Anweisung angegeben ist.

Für das vorstehende Beispiel sei folgender Fall angenommen: Die symbolische Adresse BEGINN habe nach dem Laden den Wert Null. Das Maschinenformat des ersten Befehls lautet:

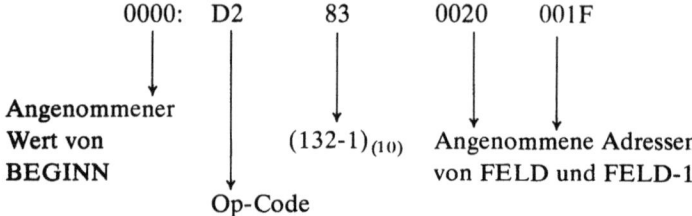

Der nächste MVC-Befehl würde dann mit der Adresse 0006 beginnen:

0000: D2 83 0020 001F
0006: D2 10 002A 00A4

Bevor der MVC-Befehl auf Adresse 0000 ausgeführt ist, wurde der Befehlszähler von der Programmsteuerung automatisch um 6 Bytes erhöht, so daß nach Ausführung des ersten MVC-Befehls die Adresse des nächsten Befehls im Befehlszähler steht. Die Notwendigkeit eines solchen Befehlszählers wird vor allem deutlich, wenn in einem Programm Befehle vorkommen, die unterschiedliche Längen aufweisen.

3.3. Wie lautet der Befehlszählerstand nach Ausführung des zweiten MVC-Befehls?

Antwort: ....

Seite A4

4. Makroaufrufe

4.1. Eingabe/Ausgabe

Bislang blieb ein wesentlicher Komplex der Assemblerprogrammierung ausgeklammert: die Ein-/Ausgabe von Daten. Damit sind alle diejenigen Vorgänge gemeint, die mit dem »Transport« irgendwelcher Daten von der Zentraleinheit zu den externen Geräten und umgekehrt zu tun haben. Um die Eingabe oder die Ausgabe von Daten (z.B. Lochkarten einlesen, Texte auf Schnelldrucker ausdrucken) per Programm zu ermöglichen, stehen eine Reihe bestimmter Befehle und Anweisungen zur Verfügung. Die technische Realisierung der Ein- oder Ausgabe von Daten ist seitens der Hersteller von Dv-Geräten zuweilen recht unterschiedlich gelöst. Dementsprechend sind zwangsläufig auch verschiedene Befehle für eine und dieselbe Operation (z. B. Lesen) vorhanden. Darüber hinaus muß vermerkt werden, daß es oft umfangreich sein kann, bestimmte Ein-/Ausgabeprobleme zu programmieren.
Diese Schwierigkeiten haben dazu geführt, daß die Hersteller ein »Befehlssystem«, das »Logische Ein-/Ausgabesystem«, entwickelt haben, das die Programmierung solcher Operationen wesentlich vereinfacht. Der Anwender benützt das Logische Ein-/Ausgabe-System durch die Verwendung sogenannter *Makroaufrufe*. Ohne die vereinfachenden Makroaufrufe könnten Ein- und Ausgabeoperationen nur bei wesentlich genauerer Kenntnis der jeweiligen Dv-Anlage und Geräte programmiert werden.

4.2. Das Logische Ein-/Ausgabesystem

Die Makroaufrufe, die dem Benutzer eine vereinfachte Programmierung ermöglichen, werden im Logischen Ein-/Ausgabesystem, DMS[14], zusammengefaßt. Makroaufrufe können mit Unterprogrammen verglichen werden und dienen dazu, fertig codierte Befehlsfolgen in symbolischer Form in ein zu übersetzendes Programm einzufügen.
Das Ein-/Ausgabesystem ist ein Bestandteil des Betriebssystems und steht damit dem Anwender jederzeit zur Verfügung. Alle Elemente des Betriebssystems sind in der Regel auf einem Plattenspeicher hinter-

---

[14] DMS (Data Management System); auch DVS (Datenverwaltungssystem) genannt.

legt und können bei Bedarf in den Arbeitsspeicher geladen werden. Der Bereich, den die Makros des DMS auf der Platte belegen, wird Makrobibliothek genannt.
In den folgenden Abschnitten werden einige wichtige Makroaufrufe behandelt. Eine Erweiterung dieser Kenntnisse erfolgt in Teil II.

4.2.1. Die Makroaufrufe GET und PUT

Ein Programm soll eine Lochkarte mit irgendwelchen Daten in den Arbeitsspeicher der Zentraleinheit einlesen. Anschließend soll der Inhalt dieser Datenkarte auf einem Lochkartenstanzer ausgestanzt werden. Das Programm dupliziert mithin eine Lochkarte.
Der für das Einlesen einer Lochkarte zur Verfügung stehende Makroaufruf heißt GET.

	Name	Operation	Operanden
Format:		GET	Dateiname

⇧ Hier kann ein symbolischer Name stehen.
⇧ Mnemotechnische Operationsverschlüsselung
⇧ Dateiname, z. B. KARTE. Der Dateiname bezeichnet die Eingabedatei[15].

Die Eingabe besteht in diesem Fall nur aus *einer* Lochkarte. (Der Eingabedatei KARTE muß vor dem Ablauf des Programms ein Lochkartenleser zugeordnet werden.)

Name	Operation	Operanden und Bemerkungen
DUPLIZ	START	Ø
BEG	GET	KARTE
EINB	DS	CL80
	END	BEG

---

15 Unter Datei versteht man eine Datenmenge, die auf irgendeinem Datenträger vorliegt (hier die Lochkarten im Lochkartenleser). In Teil II ist genauer erläutert, was »Datei« oder »Dateiname« bedeuten.

Der Makrobefehl GET bewirkt nun, daß eine Datenkarte über einen Lochkartenleser eingezogen und gelesen wird und die Daten im Arbeitsspeicher in einem Eingabebereich – den wir im folgenden EINB nennen wollen – untergebracht werden. Letzteren Vorgang steuert das Betriebssystem.

> 4.1. Warum wurde unter dem symbolischen Namen EINB ein Bereich von 80 Bytes definiert?
>
> Antwort: ....
>
> Seite A4

Laut Aufgabenstellung müssen die so eingelesenen Daten auf Lochkarte ausgegeben werden (um eben eine Lochkarte zu duplizieren).

> 4.2. Welche Möglichkeit bietet das DMS, um Daten von der Zentraleinheit auf ein externes Gerät auszugeben (vgl. den Anhang, Seite A27).
>
> Antwort: ....
>
> Seite A4

Bei der Betrachtung des Formats des Makroaufrufs GET wurde schon festgestellt, daß im Operandenfeld der Dateiname der jeweiligen Eingabedatei anzugeben ist. Für den Makro PUT muß entsprechend der Name der Ausgabedatei eingetragen werden.

	Name	Operation	Operanden
Format:		PUT	Dateiname

Hier kann ein symbolischer Name verwendet werden.	Mnemotechnische Operationsverschlüsselung	Dateiname sei hier STANZ.

Ebenso wie die Daten bei Verwendung von GET in einen von uns definierten Eingabebereich – EINB – gelesen wurden, muß auch für PUT ein Ausgabebereich definiert werden, aus dem die Daten bei Ausführung von PUT ausgegeben werden können. Dieser Ausgabebereich sei analog AUSB.

Name	Operation	Operanden und Bemerkungen
DUPLIZ	START	0
BEG	GET	KARTE
	PUT	STANZ
EINB	DS	CL80 EINGABEBEREICH
	END	BEG

Der Ausgabedatei mit dem Namen STANZ muß vor dem Programmlauf ein Lochkartenstanzer zugeordnet werden. Bei Ausführung von PUT werden die Daten – ebenfalls in Verbindung mit dem Betriebssystem – aus einem Ausgabebereich (z. B. AUSB), der noch zu definieren ist, auf die Datei mit dem Namen STANZ ausgegeben.
Daraus folgt auch, daß die Daten noch von EINB nach AUSB übertragen werden müssen!

4.3. Nun soll dementsprechend das Programm vervollständigt werden. AUSB ist zu definieren, und die Daten müssen von EINB nach AUSB übertragen werden.
Der zu ergänzende Programmausschnitt DUPLIZ ist auf der folgenden Seite ersichtlich.

```
         Name        Operation    Operanden und Bemerkungen
1                 10          15     20      25      30      35
DUPLIZ            START   0
BEG               GET     KARTE
                  MVC
                  PUT     STANZ                              ◁
EINB              DS      CL80    EINGABEBEREICH
                  DS                                         ◁
                  END     BEG
```

Seite A7

Um die Anwendung von GET und PUT zu vertiefen, sei ein weiteres Beispiel angeführt: Eine Lochkarte nach dem Muster wie in dem folgenden Bild soll per Programm eingelesen werden. Die eingelesenen Daten sind danach so zu verarbeiten, daß die drei Wörter NAME, WOHNORT, STRASSE durch jeweils einen Zwischenraum getrennt, ausgegeben werden. Als Ausgabegerät sei ein Schnelldrucker zugeordnet; die Druckerdatei heiße DRUCK.

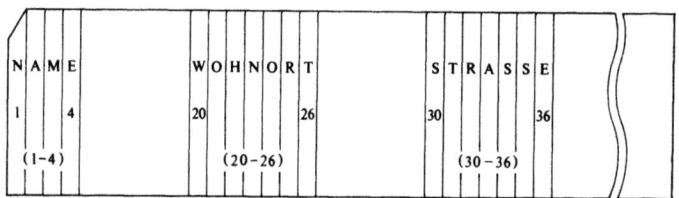

Zunächst muß der Eingabeteil programmiert werden. Der Programmname sei ADRESSE, die Eingabedatei heiße KARTE und der Eingabebereich werde mit 80 Bytes definiert.

```
         Name        Operation    Operanden und Bemerkungen
1                 10          15     20      25      30      35      40
ADRESSE           START   0
                  GET     KARTE
EINB              DS      CL80
```

Um gemäß der Aufgabenstellung Daten auszudrucken, müssen diese vorher in den Ausgabebereich AUSB übertragen werden und können anschließend mit dem Makroaufruf PUT ausgegeben werden.
Da mit PUT eine Zeile gedruckt wird – bei den meisten Schnelldruckern 132 Zeichen –, ist ein Ausgabebereich dieser Länge zu definieren.

Name	Operation	Operanden und Bemerkungen
ADRESSE	START	0
	GET	KARTE
	PUT	DRUCK
AUSB	DS	CL132
EINB	DS	CL80

4.4. Formuliert werden sollen die MVC-Befehle, die notwendig sind, um die Daten der Lochkarte (NAME, WOHNORT, STRASSE) richtig – durch je 1 Byte Zwischenraum getrennt – in den Bereich AUSB zu übertragen (Daten sollen linksbündig in AUSB stehen).

Name	Operation	Operanden und Bemerkungen
ADRESSE	START	0
	GET	KARTE
	MVC	
	MVC	
	MVC	
	PUT	DRUCK
AUSB	DS	CL132
EINB	DS	CL80

Seite A8

Bei jedem PUT wird, wie bereits erwähnt, eine ganze Zeile (also 132 Zeichen) ausgedruckt. AUSB ist aber nur mit einigen Zeichen belegt; auf den übrigen reservierten Stellen von AUSB stehen beliebige Zeichen aus früheren Belegungen. Damit wird aber der *undefinierte* Inhalt zusammen mit dem *definierten* Inhalt ausgedruckt. Dies ist sicher nicht beabsichtigt. Auch wurde im Verarbeitungsteil nicht sichergestellt, daß die Wörter durch »echte Zwischenräume« getrennt werden[16].
Durch eine recht einfache Routine kann jedoch dafür gesorgt werden, daß dieser »Mangel« beseitigt wird.

4.5. Welche Lösung läßt sich für dieses Problem denken?

Antwort: ....

Seite A 5

4.6. Durch Einfügen des »Löschteils« soll jetzt nachfolgendes Programm vervollständigt werden.

Name	Operation	Operanden und Bemerkungen
ADRESSE	START	0
BEG	GET	KARTE
	MVC	
	MVC	AUSB(4), EINB
	MVC	AUSB+5(7), EINB+19
	MVC	AUSB+13(7), EINB+29
	PUT	DRUCK
	DC	132C' '
AUSB	DS	CL132
EINB	DS	CL80
	END	BEG

Seite A9

---

16 Es sei denn, die Zwischenräume wurden bereits aus EINB übernommen.

4.2.2. Der Makroaufruf TERM

Folgender Fall sei angenommen: Das Programmbeispiel ADRESSE ist übersetzt, gebunden, geladen und soll ablaufen. Im Befehlszähler der Zentraleinheit steht die Startadresse des Programms, also der Wert von BEG.

> 4.7. Gibt es in diesem Programm irgendein Endekriterium für den Fall, daß das Programm seine festgelegte Funktion ordnungsgemäß ausgeführt hat?
> a) Es gibt kein solches Endekriterium. Seite A5
> b) Die Assembleranweisung END ist das Endekriterium für den Programmablauf. Seite A8
> c) Mit END wird einmal die Startadresse angegeben und zusätzlich der Programmlauf beendet. Seite A7

Nach dem PUT-Makro hat das Programm seine vorgegebene Funktion erfüllt und könnte beendet werden, falls ein Endekriterium vorhanden wäre. Es ist nun zu überlegen, was es eigentlich heißt, ein Programm zu beenden.
Für die Ausführung der einzelnen Maschinenbefehle eines geladenen Programms in einer Zentraleinheit ist die Programmsteuerung verantwortlich, die mit Hilfe des Befehlszählers die einzelnen Befehle übernimmt und ausführt. Ein Programm beenden heißt deshalb: die Programmsteuerung anhalten und den Befehlszähler freigeben. Für diese hardware-gebundenen Abläufe stellt das Betriebssystem den Makroaufruf TERM (Terminate) zur Verfügung.
Mit TERM wird ein Programm beendet.

> 4.8. An welcher Stelle des Programms ADRESSE muß der Makroaufruf TERM eingefügt werden?
> a) Nach der END-Anweisung Seite A8
> b) Nach der letzten DS-Anweisung, also vor END Seite A7
> c) Unmittelbar nach dem Makro PUT Seite A5

An dieser Stelle sei noch einmal die Programmlogik verdeutlicht. Nach dem Laden des Programms in den Arbeitsspeicher steht der Wert der Startadresse BEG im Befehlszähler, und der bei dieser Adresse befindliche Befehl kann ausgeführt werden. Während der jeweilige Befehl ausgeführt wird, ist der Befehlszählerstand bereits erhöht, damit nach Beendigung *des laufenden Befehls* sofort *der nächste Befehl* ablaufen kann. Auf diese Weise wird auch irgendwann PUT erreicht. Nach der vollständigen Ausführung des Makros PUT könnte das Programm durch TERM angehalten werden. Daher muß in vorstehendem Beispiel nach PUT unmittelbar TERM folgen[17]. Die Anweisungen DC und DS haben auf den eigentlichen Programmablauf keinen Einfluß.

4.2.3. Auflösung der Makroaufrufe bei der Übersetzung

Mit den Makroaufrufen sind alle Sprachelemente der Assemblersprache behandelt. Die Assemblersprache besteht damit aus

Befehlen,
Assembleranweisungen,
Makroaufrufen,
Kommentare.

Nachdem ein Assemblerprogramm mit diesen Sprachelementen programmiert ist, wird es zunächst auf Datenträger übertragen. Dabei wird für jede Zeile des Formulars genau eine Lochkarte gestanzt. Die Daten des resultierenden Kartenstapels werden dann in die Zentraleinheit eingelesen und durch den Assembler-Übersetzer in die Maschinensprache umgesetzt. Hinsichtlich des Übersetzungsvorgangs wurde bereits festgestellt, daß die Übersetzung eines Quellprogramms in mehreren Stufen abläuft, und es wurden dabei die *Erstellung des Adreßbuches* und die *Umsetzung in die Maschinensprache* unterschieden. Ungeklärt blieb bislang, *wie Makroaufrufe während des Übersetzungsvorgangs behandelt werden*.

Makroaufrufe sind früher geschriebene Teilprogramme, die unter dem Namen des jeweiligen Makros in der Makrobibliothek des Betriebssystems gespeichert sind. Sobald beim Einlesen des Quellprogramms eine Lochkarte mit einem Makro erscheint, wird vom Assembler veranlaßt, die zu diesem Makro gehörenden Befehle aus der Makrobibliothek abzurufen und diese dann anstelle des Makros in das Programm einzufügen. Dieser Vorgang wiederholt sich bei jedem einzelnen Makroaufruf.

---

[17] In allen vorangehenden Aufgaben wurde die Notwendigkeit der Programmbeendigung aus didaktischen Gründen vernachlässigt.

```
ADRESSE   START  0

BEG         |
            |    Einfügen der
            |    zugehörigen Befehle
            MVC   AUSB,LEE
            MVC   AUSB(4),
            MVC   AUSB+5(7
            MVC   AUSB+13(
            |    Einfügen
            |
            |    Einfügen
            |
LEER        DC    132C'  '
AUSB        DS    CL132
EINB        DS    CL80
            END   BEG
```

Das vorstehende Bild deutet schematisch an, wie Makros bei der Übersetzung behandelt werden. Man spricht auch *vom Auflösen der Makros,* wenn beim Einlesen des Quellprogramms die zugehörigen Befehle eingefügt werden.

Der Übersetzungsvorgang kann somit in *drei Stufen* eingeteilt werden:

Auflösung der Makroaufrufe,
Erstellung des Adreßbuches,
Umsetzung in das Maschinenprogramm.

Neben den drei Makros, die bislang behandelt wurden (GET, PUT, TERM), werden wir an anderer Stelle einige weitere wichtige Makroaufrufe kennenlernen, vor allem hinsichtlich von Dateierklärung und Dateiorganisation.

Wenn man im Logischen Ein-/Ausgabesystem programmiert[18], wird zuvorderst nicht auf den eigentlichen »physikalischen« Befehlsvorrat einer Zentraleinheit zugegriffen, sondern es werden die Programmroutinen der Systemsoftware (Betriebssystem) verwendet.

Ohne Einschränkung kann gesagt werden, daß mit Makroaufrufen einfach und »elegant« programmiert werden kann. Literatur und Beschreibungen über vorhandene Makros, über Software- und Hardware-Einzelheiten, sowie über die betriebssystemspezifischen Unterschiede bei der Programmierung mit Makroaufrufen stellt jede Herstellerfirma zur Verfügung.

---

18 Anderer Ausdruck für die Verwendung von Makroaufrufen.

5. Vergleichs- und Sprungbefehle

5.1. Allgemeine Betrachtung

In den meisten Problemen, die mit Assemblerprogrammen gelöst werden, gibt es bestimmte, immer wiederkehrende Aufgaben. So soll zum Beispiel geprüft werden, ob eine Zahl A größer ist als eine Zahl B, oder es sind Datenkarten auf ein Endekriterium zu untersuchen. In diesen Fällen handelt es sich um Operationen, in denen eine Nummer, eine Markierung, eine Geldsumme oder andere Operanden wiederum mit Nummern, Markierungen oder sonstigen Merkmalen verglichen werden. Neben den Vergleichsoperationen wird es auch immer wieder notwendig sein, in einem Programm von einer Adresse gleichsam zu einer anderen Adresse zu »springen«. Ein anschauliches Beispiel ist das Einlesen mehrerer Lochkarten. Hierbei muß nach der Verarbeitung der soeben eingelesenen Lochkartendaten so oft auf den GET-Aufruf zurückgesprungen werden, bis alle Karten gelesen sind.

Aufgabenstellungen dieser Art werden im folgenden näher untersucht und die wichtigsten Vergleichs- und Sprungbefehle behandelt.

5.2. Programmablaufplan

Um die auszuführenden Funktionen bei der Programmierung schematisch darzustellen, werden sogenannte Programmablaufpläne erstellt, die anhand von Symbolen die einzelnen Vorgänge veranschaulichen. Im Anhang auf Seite A17 sind die Symbole von Programmablaufplänen nach DIN 66001 ersichtlich.

5.3. Programmschleife

Aufgabenstellung: Beliebig viele Karten sind zu duplizieren. Mit den bisher erarbeiteten Mitteln ist diese Aufgabe nicht lösbar. Durch schrittweises Erweitern der Programmierhilfsmittel – im wesentlichen durch Einführung neuer Befehle – wird diese Aufgabe nachstehend behandelt. In Symbolen lautet sie:

Beachtenswert in dieser Aufgabenstellung ist das Wort »beliebig«! In einer Bank müssen beispielsweise vormittags 20 Lochkarten mit den persönlichen Daten neuer Kontoinhaber eingelesen und verarbeitet werden, nachmittags sind es z. B. 10 Karten. Das Programm, das diese Karten einliest, muß also *bei jeder beliebigen* Anzahl von Lochkarten »funktionieren«.

> 5.1. Welche Maßnahme läßt sich denken, um diese Aufgabe zu lösen?
> Seite A12

Grundsätzlich wird – ob 10 Lochkarten vorliegen oder 10 000 – als letzte Karte eine Endekarte verwendet. Diese Maßnahme macht die Kartenanzahl *wahlfrei*, da der Einlesevorgang durch Vergleich beendet werden kann.

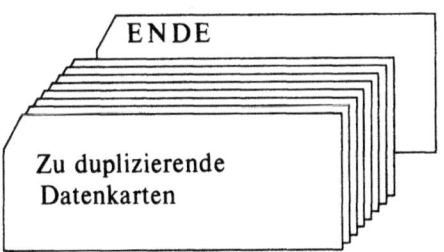

Endekriterien seien die Buchstaben ENDE.

Um eine Datenkarte zu duplizieren, muß diese zunächst eingelesen werden. Der erste Befehl wird also der Makro GET sein. Dieser »liest« *eine* Lochkarte und speichert die Daten in EINB.

Mit PUT könnten die Daten der Lochkarte sofort ausgegeben werden. Das Duplizierprogramm soll aber auch für den Fall ausgelegt sein, daß *nur* die Karte mit dem Endekriterium ENDE im Leser liegt. *Die Endekarte selbst soll jedoch nicht dupliziert werden.*

5.2. Welche Operation muß deshalb unmittelbar nach GET im Programmablaufplan folgen?

Antwort: ....

Seite A10

Durch einen nachfolgenden Vergleichsbefehl können wir die nach EINB gelesenen Daten (die ersten vier Zeichen) mit den Zeichen ENDE vergleichen.

Programmablaufplan:

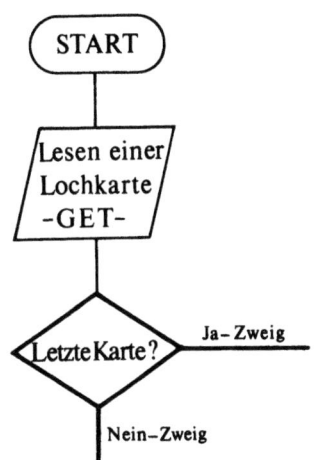

In die Symbole wird zweckmäßigerweise ein verständlicher Text geschrieben.

5.3. Angenommen, das Duplizierprogramm für beliebig viele Lochkarten würde ablaufen und die Karten würden nacheinander dupliziert. Welche Operation müßte dann im Programm durchgeführt werden, wenn die letzte Karte eingelesen wurde?
Antwort: ....
Seite A8

Die Programmbeendigung kann auch symbolisch dargestellt werden.

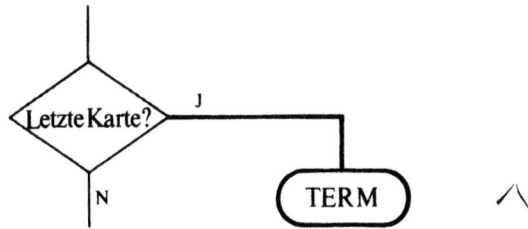

Die Programmsteuerung gelangt nach dem Einlesen der Endekarte durch den Ja-Zweig auf den Makroaufruf TERM.

57

Nach dem Einlesen der ersten Lochkarte wird per Programm geprüft, ob die ersten 4 Bytes der eingelesenen Daten die Verschlüsselung C5, D5, C4, C5 (Zeichenfolge ENDE) aufweisen und abhängig vom Ergebnis dieses Vergleichs eine Programmverzweigung durchgeführt. Falls Gleichheit gegeben ist, wird das Programm beendet, sonst wird es bei PUT fortgesetzt und damit die erste Karte dupliziert.

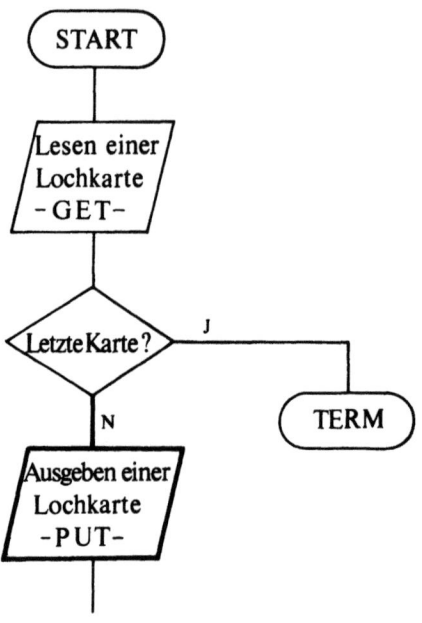

5.4. Wie muß der Programmablaufplan noch ergänzt werden, damit auch weitere Karten gedoppelt werden können?

Antwort: ....

Seite A9

Natürlich könnte für jede einzulesende Karte ein GET programmiert sein und für jede zu stanzende Karte ein PUT-Makro. Dies wäre aber nicht nur umständlich, sondern auf die Aufgabenstellung »beliebig viele Karten« gar nicht anwendbar. Deshalb ist es zweckmäßig, das Programm,

welches bereits alle Vorkehrungen zum Duplizieren einer Karte enthält, für alle folgenden Lochkarten *wieder zu verwenden.*
Um also mehrere Datenkarten zu duplizieren, wird mit einem Sprungbefehl zu dem Makro GET zurückgesprungen, und das Programm so oft durchlaufen, bis die Endekarte erreicht ist. *Einen solchen Rücksprung mit anschließendem erneutem Durchlauf nennt man eine Programmschleife.*

Der Programmablauf sieht jetzt folgendermaßen aus:

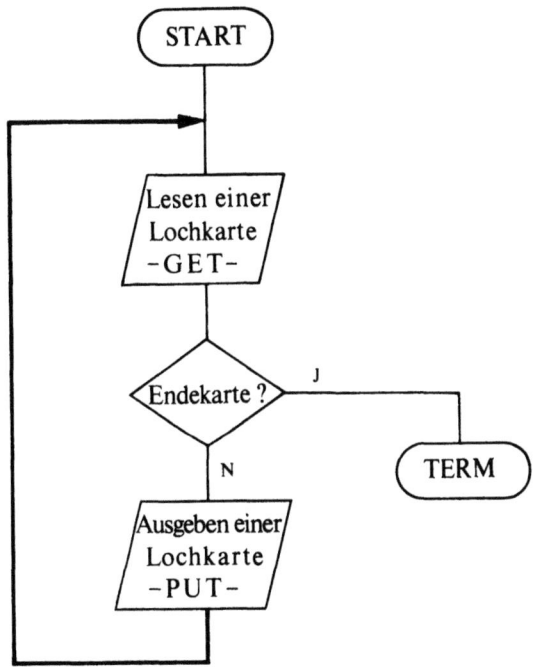

Wenn die erste Karte dupliziert ist, wird zum Makro GET zurückgesprungen, um die nächste Karte einzulesen. Die Daten der zweiten Karte werden wieder nach EINB gelesen und überschreiben die früheren Daten. Dies hat aber keinen Einfluß auf den Programmablauf. Unmittelbar danach erfolgt wieder die Abfrage auf die Endekarte; hiervon abhängig wird entweder zum Makro TERM verzweigt oder eine Lochkarte gestanzt.

Der logische Ablauf des Programms zur Realisierung der einleitenden Aufgabenstellung liegt damit vor. Grundsätzlich sollte man stets zuerst einen Programmablaufplan erstellen, der die Logik eines Pro-

gramms in Symbolen aufzeigt. Danach sind die eigentlichen Gedankengänge zu codieren[19].
Bei der Codierung werden die Symbole in Befehle umgesetzt. Anweisungen werden in den Programmablaufplänen mit Ausnahme von START nicht berücksichtigt. Dies ergibt sich aus der Tatsache, daß DS oder DC-Anweisungen nichts zur *Logik* des Programmablaufs beitragen.

5.4. Der logische Vergleichsbefehl CLC

Die Codierung beginnt wie immer mit der START-Anweisung. Danach muß der Makroaufruf GET erfolgen, um die Daten der ersten Lochkarte nach EINB zu lesen.

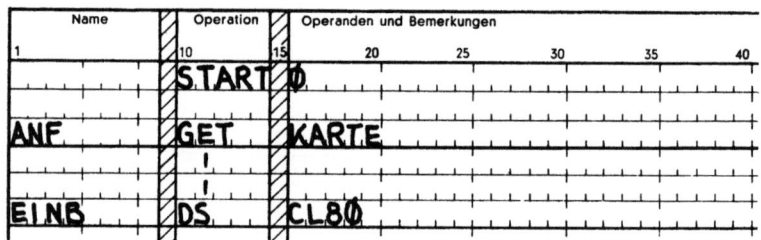

5.5. Welcher Befehl müßte jetzt der Programmlogik zufolge als nächstes im Programm erscheinen?

Antwort: ....

Seite A8

Der Vergleichsbefehl, der zur Abfrage der letzten Karte erforderlich ist, lautet: *Compare Logical Characters,* CLC (Vergleichen logisch Zeichen).

```
            CLC     | ADRESSE1,ADRESSE2
             ↑        ↑         ↑
Mnemotechnischer     Symbolische Adressen der zu vergleichenden
Operationsteil       Operanden
```

---

[19] Das Wort »codieren« hat in diesem Zusammenhang eine abweichende Bedeutung: Es heißt hier »umsetzen vom symbolischen Programmablaufplan in die Assemblersprache«.

Um die Codierung der gewählten Aufgabe fortzuführen, müßten jetzt die Daten *in den ersten vier Spalten jeder eingelesenen Lochkarte* mit dem Endekriterium ENDE verglichen werden.

5.6. Wie lauten die symbolischen Adressen, deren Inhalte mit den genannten Endekriterien zu vergleichen sind?

Antwort: ....

Seite A8

Die erste Operandenadresse des CLC-Befehls ist somit festgelegt:

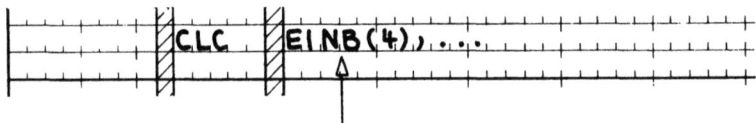

Symbolische Adresse, unter der die zu vergleichenden Daten gespeichert sind. Die Längenangabe (4) ist notwendig, weil nicht der ganze Bereich von 80 Bytes von EINB verglichen werden soll.

Womit sollen nun die Daten der ersten Operandenadresse verglichen werden? Da die Endekarte zu ermitteln ist, vergleicht man jeweils die ersten 4 Bytes von EINB mit den vier Zeichen ENDE. Hierfür sind diese Zeichen unter einer bestimmten Adresse zu definieren, z.B. EKRIT.

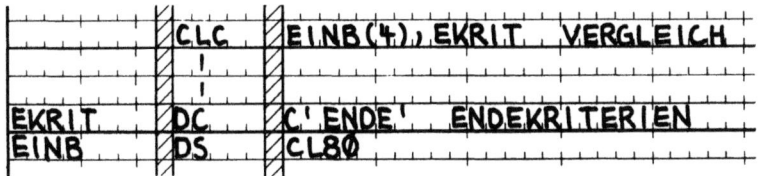

Um den Vergleich mit der Endekarte auch entsprechend auswerten zu können, um also in Abhängigkeit des Operandenvergleichs verzweigen zu können, müssen wir den CLC-Befehl zunächst näher untersuchen.

Das Befehlsformat des Befehls »Vergleichen Logisch Zeichen« ist gleich dem des MVC-Befehls[20].

Befehlsformat: | Op-Code | Länge | Operanden-adresse 1 | Operanden-adresse 2 |

Wie der MVC-Befehl gehört der CLC zum Befehlstyp SS. Man spricht von SS-Typ deshalb, weil sich beide Operanden im Arbeitsspeicher befinden (SS = Speicher-Speicher). Es gibt neben SS- noch andere Befehlstypen, die später vorgestellt werden.
Übersetzt würde der CLC-Befehl aus vorstehendem Programmausschnitt wie folgt lauten:

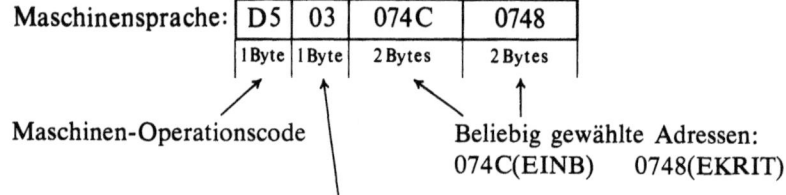

Maschinensprache: | D5 | 03 | 074C | 0748 |
                  | 1 Byte | 1 Byte | 2 Bytes | 2 Bytes |

Maschinen-Operationscode

Beliebig gewählte Adressen:
074C(EINB)   0748(EKRIT)

Länge der zu vergleichenden Operanden.
03 ist die um 1 reduzierte Länge der expliziten Längenangabe (4).

Der CLC-Befehl wird auf folgende Weise ausgeführt: Die Operanden, deren Länge im Befehl bestimmt ist, werden *bitweise von links nach rechts* verglichen. *Abhängig vom Ausgang des Vergleichs wird in der Zentraleinheit eine Anzeige gesetzt. Sie gibt an, ob die Operanden gleich sind, oder ob der erste Operand kleiner oder größer ist als der zweite.*
Die folgenden Anzeigen – man unterscheidet die vier Anzeigen 0, 1, 2 und 3 – werden entsprechend dem Ergebnis des Vergleichs zugeordnet:

Anzeigen: 0: 1. Operand = 2. Operand
            1: 1. Operand < 2. Operand
            2: 1. Operand > 2. Operand
            3: Bei CLC nicht verwendet

---

[20] Im Anhang sind alle notwendigen Daten zu den Befehlen, Anweisungen und Makros stichwortartig zusammengefaßt.

Der CLC-Befehl »meldet« also der Zentraleinheit den Ausgang eines Vergleichs durch eine Anzeige.

5.7. Welche Anzeige wird gesetzt, wenn bei Ausführung des CLC-Befehls auf Seite 61 in den ersten 4 Bytes von EINB die Buchstaben ENDE abgespeichert sind?

Antwort: ....

Seite A7

Anzumerken bliebe, daß die Länge der zu vergleichenden Operanden durch die implizite oder explizite Länge des *ersten* Operanden bestimmt wird.

Beispiele:

5.8. Jetzt sollen nach obigem Muster die *Ergebnisse* der Vergleichsoperation in nachfolgendes Formular eingetragen werden.

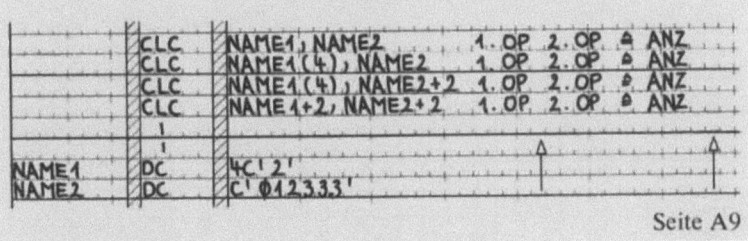

Seite A9

Aus dem Programmablaufplan auf Seite 59 ergibt sich die Notwendigkeit eines Vergleichsbefehls, um die Abfrage auf die Endekarte zu ermöglichen. Dazu eignet sich der Befehl CLC, der als Ergebnis des Vergleichs eine Anzeige setzt. Um nun den Programmablaufplan weiter zu codieren, müssen wir eine Möglichkeit finden, *abhängig vom Ergebnis des Vergleichs* im Programm zu verzweigen.

63

5.5. Der Sprungbefehl BC

Bei der Abfrage auf die Endekarte interessieren nur zwei Fälle: *Anzeige Null und Anzeige ungleich Null*. Im ersten Fall ist laut Programmablaufplan das Programm zu beenden, die Programmsteuerung muß zum Makroaufruf TERM verzweigen. In jedem anderen Fall (bei Anzeige 1 oder 2) soll der nächste Befehl ausgeführt werden.

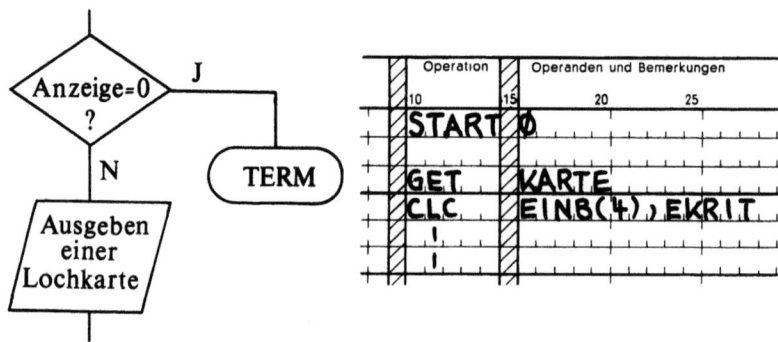

Wir wollen zunächst den Fall betrachten, daß die Anzeige Null gesetzt wird, daß also die Endekarte eingelesen wurde. Da laut Programmablaufplan dann nach TERM verzweigt werden muß, *benötigen wir einen Sprungbefehl, der bei Anzeige Null einen »Sprung« nach TERM ermöglicht*. Dieser Sprungbefehl heißt »Springen bedingt« oder »Branch on Condition« mit dem mnemotechnischen Operationscode BC.

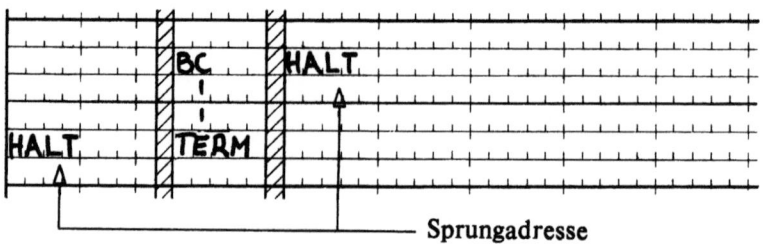

In dieser Form des BC-Befehls ist aber keine Sprungbedingung enthalten. Es ist jedoch gefordert, *daß nur bei der Anzeige Null* zur Adresse von TERM gesprungen werden soll: *Abhängig von der Anzeige* muß im Programm verzweigt werden.

Um dies zu ermöglichen, wird dem BC-Befehl die Abfrage der vier möglichen Anzeigen zugeordnet. Dazu sei zunächst das Befehlsformat betrachtet.

Befehlsformat:

Op-Code	M	0	Sprung-adresse
1 Byte	1 Byte		2 Bytes

Wir wollen nun den Längenteil (das 2. Byte) genauer untersuchen:

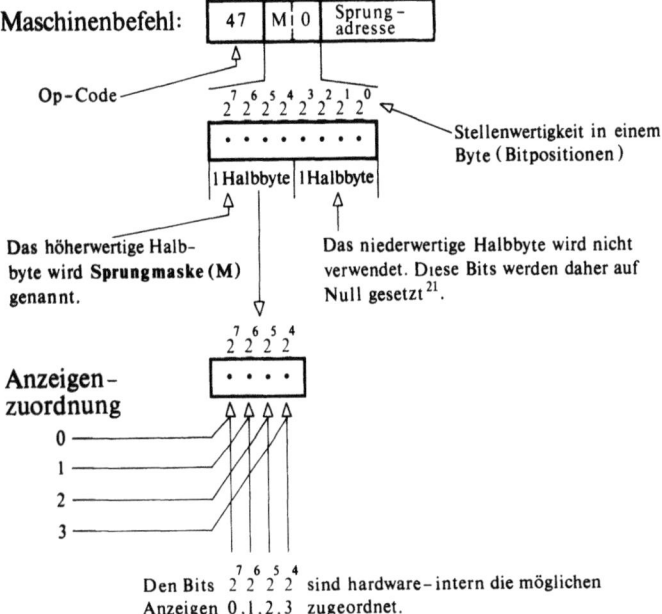

Das höherwertige Halbbyte wird **Sprungmaske (M)** genannt.

Das niederwertige Halbbyte wird nicht verwendet. Diese Bits werden daher auf Null gesetzt[21].

Den Bits $2^7\ 2^6\ 2^5\ 2^4$ sind hardware-intern die möglichen Anzeigen 0,1,2,3 zugeordnet.

Durch die Zuordnung der Anzeigen zu ganz bestimmten Bits kann nun *bei der Anzeige Null zu der angegebenen Sprungadresse* HALT *verzweigt werden, indem das Bit* 2^7 *auf 1 gesetzt wird; die anderen drei Bits müssen 0 sein.*

Sprungmaske:

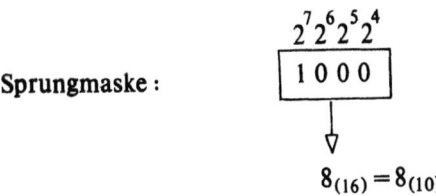

---

21 Diese Bits werden später bei der Indexadressierung benötigt (vgl. Teil III).

Assemblerschreibweise:

```
        ┃BC   ┃8, HALT
        ┃     ┃ ↑
```

Sprungmaske, Angabe immer dezimal (in diesem Fall stimmen dezimale und sedezimale Angabe überein).

> 5.9. Welche Sprungmaske muß angegeben werden, damit bei der Anzeige 1 gesprungen wird?
>
> Antwort: ....
>
> Seite A10

Weitere Beispiele für den BC-Befehl:

```
          ┃BC   ┃4, NOTIZ  SPRUNG BEI ANZ 1
          ┃BC   ┃2, CAESAR SPRUNG BEI ANZ 2
          ┃BC   ┃8, ANTON  SPRUNG BEI ANZ 0
          ┃MVC  ┃
CAESAR    ┃MVC  ┃....
NOTIZ     ┃MVC  ┃....
ANTON     ┃GET  ┃....
```

Wie der BC-Befehl im einzelnen ausgeführt und angewendet wird, sei anhand der Codierung (Seite 67) des Programmablaufplans von Seite 59 verdeutlicht. Die ersten drei Zeilen haben wir zuvor schon formuliert.

Nach Ausführung des Vergleichsbefehls wird in der Zentraleinheit eine Anzeige gesetzt und anschließend der nächste Befehl, hier BC, ausgeführt. Da das Maskenbit 2^7 des BC-Befehls auf 1 gesetzt ist (durch Angabe der Maske 8 im Befehl), wird *nur dann* zur Adresse *HALT* verzweigt, *wenn* tatsächlich durch den CLC die Anzeige 0 gesetzt ist, denn die Anzeige 0 ist diesem Bit zugeordnet.

Falls die durch die Sprungmaske festgelegte Anzeige nicht gesetzt ist, wird der nächste im Programm folgende Befehl ausgeführt.

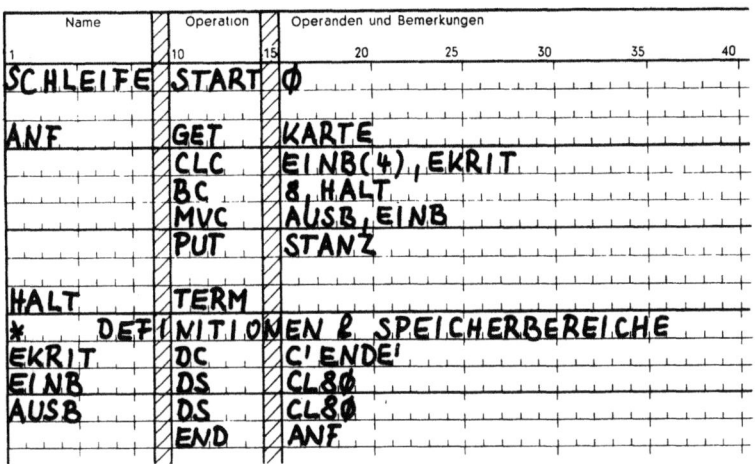

Um nun das Programm zu vervollständigen, ist lediglich noch ein Sprungbefehl erforderlich, mit dem – unabhängig von einer Anzeige – zur Adresse des GET-Makros verzweigt werden kann.

5.10. Welche Sprungmaske müßte man angeben, damit die Programmsteuerung *bei jeder der vier Anzeigen* zu der angegebenen Sprungadresse verzweigt?

Antwort: ....

Seite A10

Folgender Spezialfall des Sprungbefehls liegt also vor:

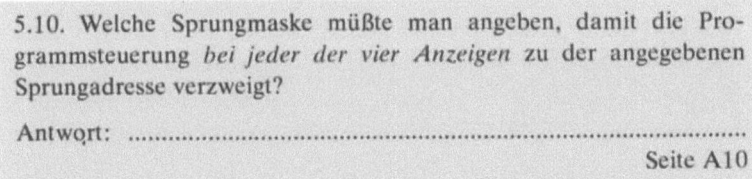

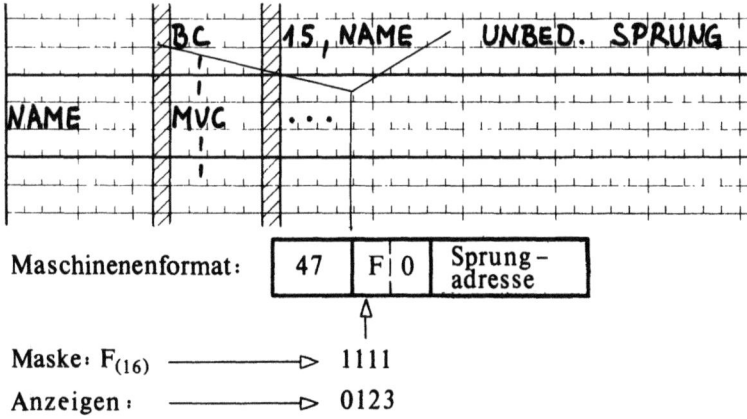

Mit der Sprungmaske 15 (F_{16}) werden *alle vier möglichen Anzeigen* überprüft. Da irgendeine Anzeige immer vorhanden ist, wird der Sprungbefehl stets ausgeführt. Aus dem *bedingten* Sprung wurde somit ein *unbedingter* Sprung.

Durch die Wahl der Sprungmaske 15 ist es mithin möglich, unabhängig von der jeweiligen Anzeige zu der im Befehl angegebenen Sprungadresse zu verzweigen.

5.11. Mit diesen Kenntnissen kann das Programm vervollständigt werden.

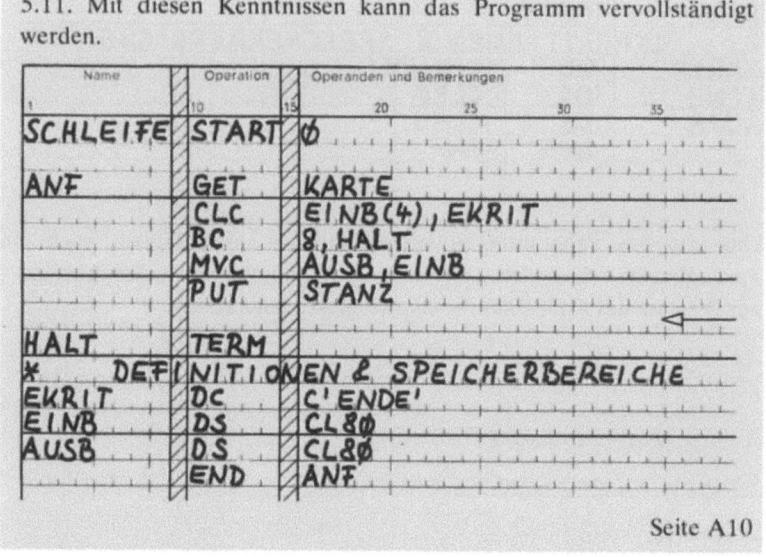

Seite A10

Wir betrachten noch einige charakteristische Anwendungsfälle des BC-Befehls. Wie nachfolgendes Beispiel zeigt, können Alternativoperationen grundsätzlich auf zwei Arten codiert werden:

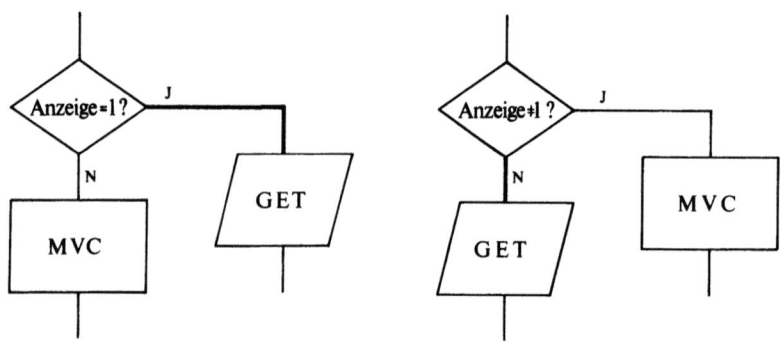

Die zu den Ablaufplänen gehörenden Codierungen unterscheiden sich entsprechend.

```
         | CLC  | NAME1,NAME2                    | CLC  | NAME1,NAME2
         | BC   | 4,ANFANG              ANFANG  | BC   | 11,FORTSETZ
FORTSETZ | MVC  |                               | GET  |
                                                
ANFANG   | GET  |                      FORTSETZ | MVC  |

NAME1    | DS   | CL3                  NAME1    | DS   | CL3
NAME2    | DC   | C'200'               NAME2    | DC   | C'200'
```

Interpretation: Im linken Bildausschnitt wird bei Anzeige 1 zur Sprungadresse ANFANG (GET) verzweigt. Sinngemäß dasselbe wird im rechten Bildausschnitt erreicht, mit dem Unterschied, daß bei Anzeige 1 *nicht* zu der im Befehl angegebenen Sprungadresse verzweigt wird; in diesem Fall kommt der nächstfolgende Befehl zur Ausführung (GET).

Folgender Programmausschnitt sei nun gegeben:

```
RETURN  | GET  |

        | CLC  | EINB(2),ENDE
BC      | BC   | 7,RETURN
        | BC   | 3,STOP
        | BC   | 10,WEITER
        | BC   | 15,BC
STOP    | TERM |

WEITER  | MVC  |

EINB    | DS   | CL80
ENDE    | DC   | C'FF'   ENDEKRITERIUM
```

5.12. Welche der nachstehenden Aussagen sind richtig (Aussagen beziehen sich auf vorstehenden Programmausschnitt)?

> a) Wenn die letzte Karte mit dem Endekriterium FF eingelesen wird, verzweigt die Programmsteuerung zur Adresse WEITER.
> b) Bei Anzeige Null wird nicht zur Adresse RETURN zurückgesprungen.
> c) Die Adresse STOP kann in diesem Programmausschnitt nie erreicht werden.
> d) Bei jeder Anzeige ungleich Null wird der Makro GET wieder ausgeführt.
> e) Der unbedingte Sprungbefehl wird nie ausgeführt.
>
> Seite A7

5.6. Pseudosprungbefehle

Es gibt in der Assemblersprache noch eine *andere Schreibweise* für den Befehl »Branch on Condition«. Um den BC-Befehl nämlich nach einem CLC-Befehl anzuwenden, ist es einmal erforderlich, die Zuordnung der Anzeigen zum Ergebnis des Vergleichs zu kennen, zum anderen ist die Kenntnis der Anzeigenzuordnung zu den Bits der Sprungmaske notwendig. Durch Verwendung sogenannter *Pseudosprungbefehle* wird diese Schwierigkeit wesentlich reduziert.

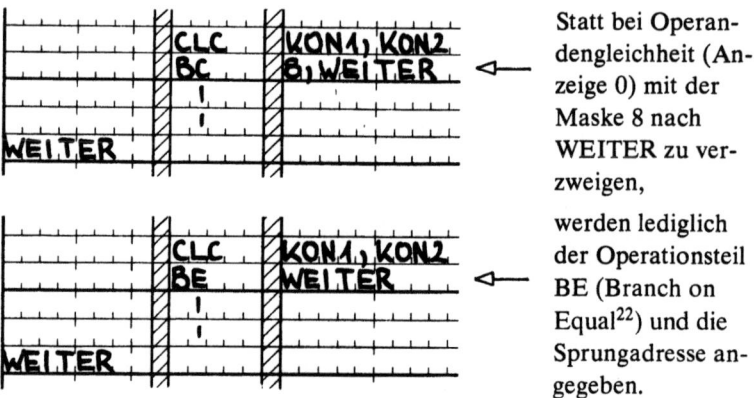

Statt bei Operandengleichheit (Anzeige 0) mit der Maske 8 nach WEITER zu verzweigen,

werden lediglich der Operationsteil BE (Branch on Equal[22]) und die Sprungadresse angegeben.

Die Maske 8 wird sozusagen in den mnemotechnischen Operationsteil BE integriert. Der Assembler übersetzt diesen neuen Operationsteil natürlich in die echte Maschinenform.

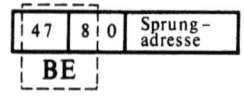

---

22 Branch on Equal: Springen, falls gleich.

Der aus dem mnemotechnischen Operationsteil BC und der Maske 8 entstandene neue Befehl BE wird *Pseudosprungbefehl* genannt.

Beispiel:

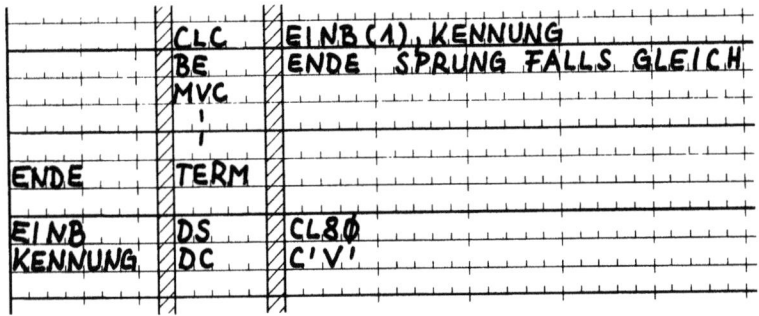

Es läßt sich bereits vermuten, daß es neben BE noch weitere Pseudosprungbefehle gibt. Die folgende Aufstellung zeigt diese.

Bedingung	Pseudosprungbefehl		entsprechender BC-Befehl	
1. Operand > 2. Operand:	BH	ADR	BC	2,ADR
1. Operand < 2. Operand:	BL	ADR	BC	4,ADR
1. Operand = 2. Operand:	BE	ADR	BC	8,ADR
1. Operand ≤ 2. Operand:	BNH	ADR	BC	13,ADR[23]
1. Operand ≥ 2. Operand:	BNL	ADR	BC	11,ADR
1. Operand ≠ 2. Operand:	BNE	ADR	BC	7,ADR

Dabei bedeuten BH: Branch on Higher (Springen, falls größer)
                      BL: Branch on Lower (Springen, falls kleiner)
                      BE: Branch on Equal (Springen, falls gleich)
                      BNH: Branch on Not Higher (Springen, falls nicht größer)
                      BNL: Branch on Not Lower (Springen, falls nicht kleiner)
                      BNE: Branch on Not Equal (Springen, falls nicht gleich)

---

[23] Bei den Pseudosprungbefehlen BNH, BNL, BNE ist die Anzeige 3 einbezogen, die bei Vergleichsbefehlen *nie* vorkommt. Weitere Pseudosprungbefehle sind in den folgenden Bänden behandelt.

Die beiden Sonderfälle des bedingten Sprungbefehls wurden in dieser Aufstellung nicht aufgeführt.

5.13. Wie müßten die *Sprungmasken* lauten, wenn
a) bei jeder Anzeige gesprungen werden soll?
b) bei keiner Anzeige gesprungen werden soll?

Antwort:
a) ....
b) ....

Seite A4

Für diese Sonderfälle gibt es ebenfalls Pseudosprungbefehle.

| Unbedingter Sprung: | B | ADR | statt | BC | 15,ADR |
| Nulloperation: | NOP | ADR | statt | BC | 0,ADR |

Anwendungen für die sogenannte Nulloperation werden später gezeigt. Die Nulloperation wird oft auch als »Noch-nicht-Sprung« bezeichnet.

5.14. Nachfolgend ist das zuletzt erarbeitete Programm SCHLEIFE dargestellt. Die beiden erforderlichen Sprungbefehle sollen dabei als Pseudosprungbefehle ergänzt werden.

Name	Operation	Operanden und Bemerkungen
SCHLEIFE	START	Ø
ANF	GET	KARTE
	CLC	EINBC4),EKRIT
	MVC	AUSB,EINB
	PUT	STANZ
HALT	TERM	
* DEFINITIONEN & SPEICHERBEREICHE		
EKRIT	DC	C'ENDE'
EINB	DS	CL80
AUSB	DS	CL80
	END	ANF

Seite A10

72

6. Assemblerprotokoll und Test

6.1. Aufgabenstellung

Das Assemblerprotokoll wurde in den vorausgehenden Erörterungen bislang nicht vorgestellt. Einmal um dies nachzuholen, zum anderen um gleichzeitig eine Art Resümee des behandelten Stoffes zu ziehen, wird anhand der nachfolgenden Aufgabenstellung ein Programm geschrieben, das sowohl die bereits erarbeiteten Befehle und Anweisungen enthält, aber auch eine Reihe weiterer Assemblerdetails erkennen läßt und zur näheren Betrachtung des Assemblerprotokolls dient.

Aufgabenstellung: Eine beliebige Menge an Datenkarten nach dem folgenden Muster liege vor.

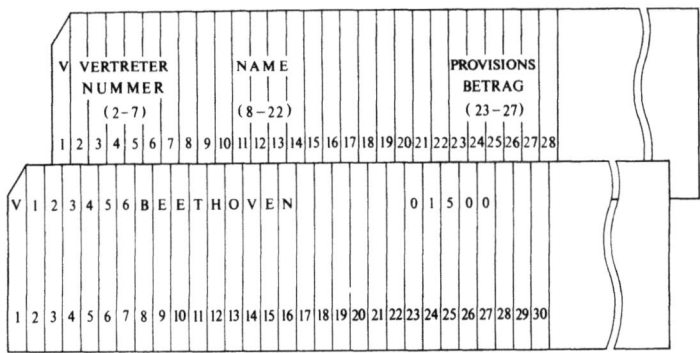

Alle ordnungsgemäßen Datenkarten sollen in Spalte 1 den Buchstaben V enthalten. Die Vertreternummern seien immer sechsstellig, Namen dürfen maximal fünfzehn Buchstaben umfassen. Die Provisionsbeträge sollen fünfstellige ganze Zahlen sein.
Die Lochkartendaten sind per Programm so zu verarbeiten, daß auf einem Schnelldrucker eine Liste wie folgt ausgegeben wird.

Darstellung nicht maßstäblich

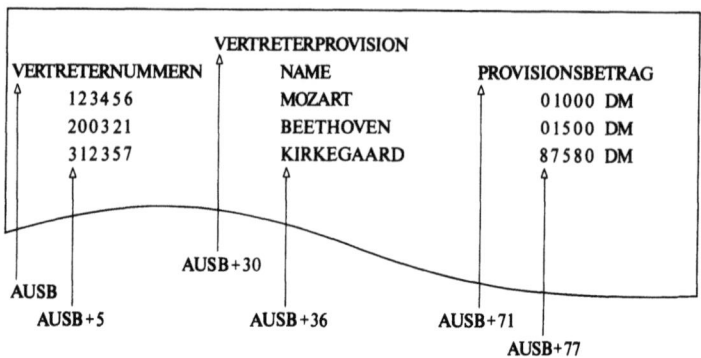

Beim Einlesen müssen die Datenkarten auf das Kennzeichen V in der ersten Spalte überprüft werden. Falls eine nicht mit V markierte Karte vorliegt, ist die nächste Lochkarte einzulesen.
In der ersten Zeile der Liste – jede Zeile umfasse 132 Druckstellen – soll die Überschrift »Vertreterprovision« stehen. Es folgen unmittelbar darunter die Teilüberschriften wie oben angegeben. Vertreternummern, Namen und Provisionsbeträge müssen unter den zugehörigen Überschriften stehen (AUSB + 5, AUSB + 36 und AUSB + 77). Die Angabe DM soll, durch einen Zwischenraum getrennt, nach jedem Betrag erscheinen.
Es soll also ein Programm geschrieben werden, das beliebig viele der angegebenen Datenkarten einliest und die entsprechenden Daten so im Ausgabebereich anordnet, daß beim Ausdrucken das vorgegebene Druckbild entsteht.

6.1.1. Programmablaufplan »Vertreterprovision«

Anhand des Programmablaufplans auf der folgenden Seite wird die Aufgabenstellung verdeutlicht.
Erläuterungen: Die ersten vier Befehle bewirken, daß die Überschrift »Vertreterprovision« und – in der nächsten Zeile – die Teilüberschriften ausgedruckt werden. Bei jeder Ausführung von PUT wird genau eine Zeile gedruckt und automatisch ein Zeilentransport ausgeführt. Vor dem Einlese-Makro wird der Ausgabebereich gelöscht, um zu gewährleisten, daß bei der folgenden Ausgabe nur »gewünschte« Daten ausgedruckt werden. GET liest dann die erste Lochkarte ein. Darauffolgend

Programmablaufplan »Vertreterprovision«

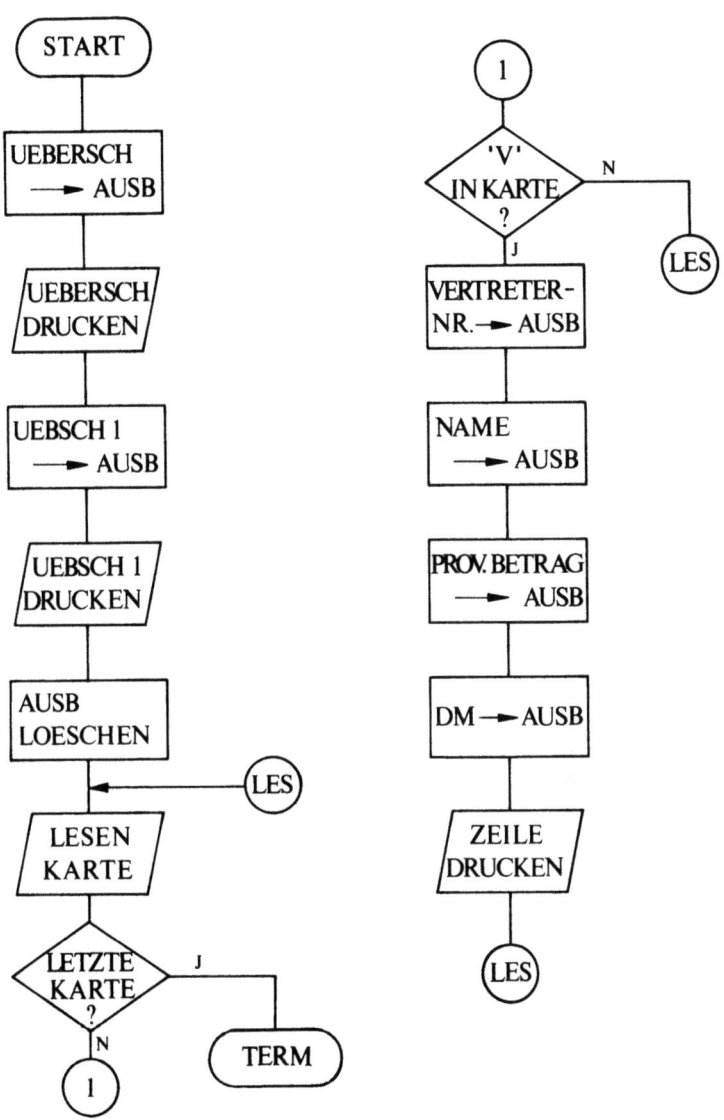

steht der ENDE-Vergleich[24]. Außerdem sind die einzelnen Karten auf das Erkennungsmerkmal V in den ersten Spalten zu untersuchen. Falls eine »falsche Datenkarte« in den Lochkartenstapel geraten sein sollte, soll diese ignoriert und die nächste Karte eingelesen werden. Nachdem auch die Daten der Lochkarte durch drei MVC-Befehle an die entsprechenden Stellen des Ausgabebereichs übertragen wurden, wird die dritte Druckzeile ausgegeben. Der Rücksprung (zur Adresse LES) schließlich erfolgt, um die nächstfolgende Karte einzulesen. Diese Schleife wird so lange durchlaufen, bis die letzte Datenkarte eingelesen ist.

6.1.2. Codierung

Der Programmablaufplan wird nun schrittweise in Assembleranweisungen, Befehle und Makros umgesetzt. Zunächst interessiert die Erzeugung der beiden Überschriften »Vertreterprovision« und »Vertreternummern ..., Name ..., Provisionsbetrag«. Hierfür gibt es verschiedene Möglichkeiten.

```
UEBERSCH  DC   C'VERTRETERPROVISION'
UEBSCHV   DC   C'VERTRETERNUMMERN'
UEBSCHN   DC   C'NAME'
UEBSCHP   DC   C'PROVISIONSBETRAG'
```

Um die erste Überschriftzeile auszudrucken, ist die Konstante UEBERSCH nach AUSB + 30 zu übertragen (AUSB muß natürlich zuvor gelöscht worden sein). Weitere drei MVC-Befehle wären notwendig, um die drei Teilüberschriften der zweiten Überschriftszeile an die entsprechenden Stellen zu übertragen (AUSB, AUSB + 36, AUSB + 71).

```
          MVC   AUSB+30(18),UEBERSCH

          MVC   AUSB(16),UEBSCHV
          MVC   AUSB+36(4),UEBSCHN
          MVC   AUSB+71(16),UEBSCHP
```

---

[24] In Teil II wird gezeigt, daß eine derartige Endekarte-Erkennungsroutine nicht mehr programmiert zu werden braucht, da diese vom Betriebssystem realisiert wird.

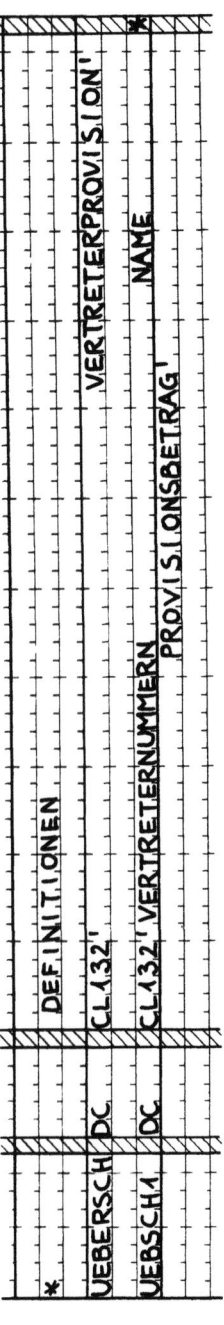

Bei der Definition der Überschriften für die Aufgabe »Vertreterprovision« soll jedoch von nebenstehender Methode der Längenangabe Gebrauch gemacht und jeweils eine Druckzeile definiert werden. Dabei sollen die Namen UEBERSCH und UEBSCH1 als symbolische Adressen der Überschriften verwendet werden.

Das Programm soll den Namen VERPROV erhalten, und der Adreßpegel ist durch die START-Anweisung auf den Wert 0 zu setzen. Die Ausgabedatei heiße DRUCK, die Eingabedatei KARTE, Endekriterien der letzten Datenkarte seien wiederum die Zeichen ENDE.

Das Assemblerformular zur Codierung des Ablaufplanes ist auf der folgenden Seite ersichtlich.

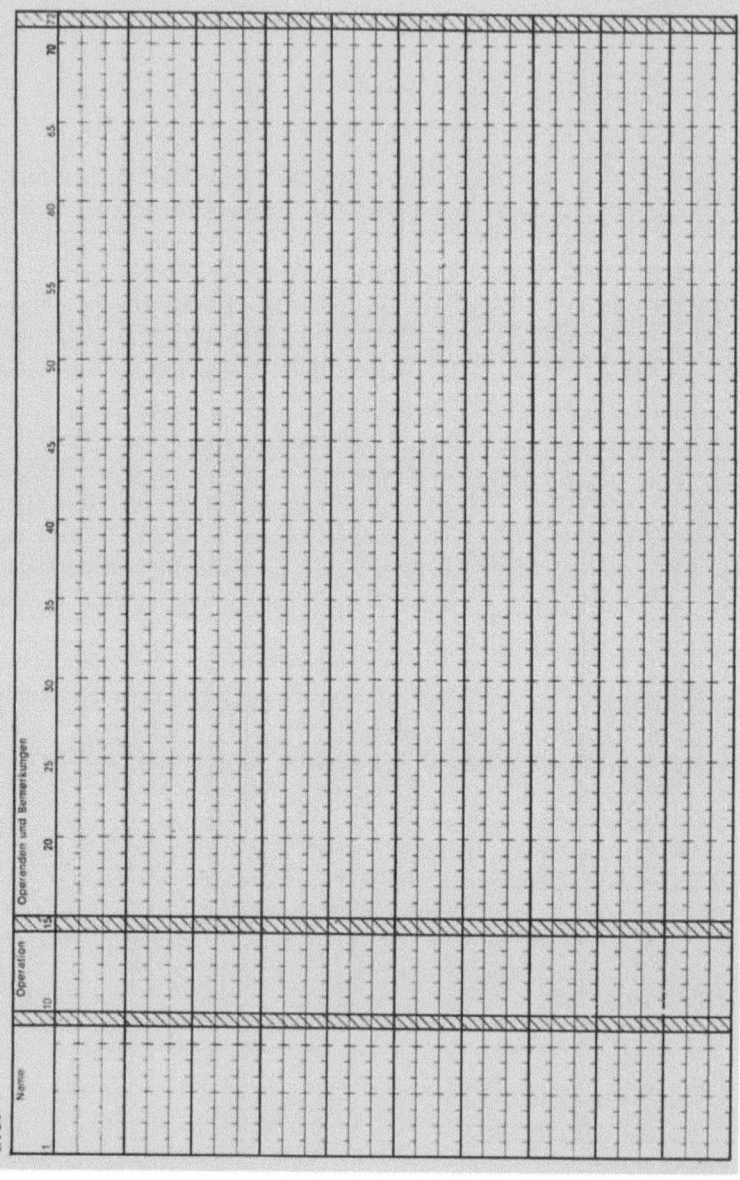

6.2. Das Assemblerprotokoll

Bei der Assemblierung (Übersetzung) wird standardmäßig ein Assemblerprotokoll (Übersetzungsprotokoll) auf dem Schnelldrucker im Rechenzentrum ausgegeben. Auf der folgenden Seite wird das Assemblerprotokoll des Programms VERPROV gezeigt. Im Protokoll sind einige Teile nach seiner Erstellung manuell gelöscht worden, da die betreffenden Anweisungen und Befehle noch nicht behandelt wurden. Diese Anweisungen und Befehle waren zur Übersetzung aber notwendig.
In der hier gezeigten Form ist das Programm noch nicht ablauffähig.

Erläuterungen zum Aufbau des Assemblerprotokolls:

Zeile 1 enthält die Standardüberschrift mit
- Uhrzeit (Stunden : Minuten : Sekunden) und
- Datum (Jahr – Monat – Tag)

Zeile 2 enthält die Feldüberschriften
FLAG (Fehler) – hier werden die formalen Fehler aufgeführt
LOCTN (Location Counter – Adreßpegel)
- Hilfszähler, mit dem bei der Übersetzung alle Befehle und Anweisungen »durchadressiert« werden. Dieser Hilfszähler wird in der Regel bei Programmbeginn durch die START-Anweisung auf den Wert Null gesetzt. Er wird dann jeweils um die Anzahl der vom Befehl benötigten oder von einer Anweisung reservierten Bytes erhöht.

OBJECT CODE (Objektprogramm)
- enthält das eigentliche Maschinenprogramm, dabei werden unter ADDR1 und ADDR2 die Operandenadressen (Adreßpegelstände) bei bestimmten Befehlen aufgelistet.

STMNT (Statement) und M (Makrostufe)
- hier werden die Maschinenbefehle bzw. Anweisungen fortlaufend durchnumeriert, bei M wird die jeweilige Makrostufe aufgeführt.

Diese Felder werden ab sofort vernachlässigt, da sie für den weiteren Lernprozess unbedeutend sind.

SOURCE STATEMENT (Quellbefehl, Quellzeile)
- hier wird das vom Programmierer codierte Quellprogramm aufgelistet.

```
SIEMENS F-ASSEMBLER LISTING                                          16:09:22   87-04-08

FLAG LOCTN OBJECT CODE      ADDR1   ADDR2  STMNT M  SOURCE STATEMENT

     000000                                    1    VERPROV  START
     000000                                    2
     000000                                    3
     000000  05 30                             4    ANFANG   MVC  AUSB,UEBERSCH
     000002  D2 83 327730940 000096            5             PUT  DRUCK                    1. UEBERSCHRIFT AUSGEBEN
     000008  41 10 0000       000000         285
     00000C  D2 83 3277311A   00011C         287             MVC  AUSB,UEBSCH1
     000010                                  288             PUT  DRUCK                    2. UEBERSCHRIFT AUSGEBEN
     000016  41 10 0000       000000         292
     00001E  D2 83 327731F3   0001F5         294             MVC  AUSB,LEER
     000024                                  295    LES      GET  KARTE                    AUSB LOESCHEN
     000024  41 10 0000       000000         299
     000048  D5 03 31A2319E   0001A0         308             CLC  EINB(4),EKRIT            ENDE?
     00004E  47 80 507E       000080         309             BE   HALT                     WENN JA, PROGRAMMENDE
     000052  D5 00 31A231F2   0001F4         310             CLC  EINB(1),V                KARTE GUELTIG?
     000058  47 70 3022       000024         311             BNE  LES                      WENN NICHT, NAECHSTE KARTE
     00005C  D2 05 327C31A3   0001A5         312             MVC  AUSB+5(6),EINB+1         VERTRETERNR. NACH AUSB
     000062  D2 0E 329B31A9   0001AB         313             MVC  AUSB+56(15),EINB+7       NAME NACH AUSB
     000068  D2 04 32C431B8   0001BA         314             MVC  AUSB+77(5),EINB+22       PROV.BETRAG NACH AUSB
     00006E  D2 01 32CA3118   0002CC         315             MVC  AUSB+83(2),DM            DM NACH AUSB
     000074                                  316             PUT  DRUCK
     000074  41 10 0000       000000         322
     00007C  47 F0 3022       000024         323             B    LES
     000080                                  328    HALT     TERM
                                             335    *
     000096  404040404040404040              336    UEBERSCH DC   CL132' '
     00011A  C4D4                            337    DM       DC   C'DM'
     00011C  E5C5D9E3D9C5E3C5                338    UEBSCH1  DC   CL132'VERTRETERNUMMERN            PROVISIONSBETRAG'                    VERTRETERPROVISION'      NAME        *
     0001A0  C5D5C4C5                        339    EKRIT    DC   C'ENDE'
     0001A4  E5                              340    EINB     DS   CL80
     0001F4  40                              341    V        DC   C'V'
     0001F5  40404040404040404040            342    LEER     DC   CL132' '
     000279                                  343    AUSB     DS   CL132
     000002                                  344             END  ANFANG
```

6.3. Vergleich Quellprogramm – Objektprogramm

Die Übersetzung des Programms erfolgte auf einer Siemens-Anlage 7.571 unter Steuerung des Betriebssystems BS2000.

Ab der Adresse (Adreßpegel) 000002 steht folgender Befehl:

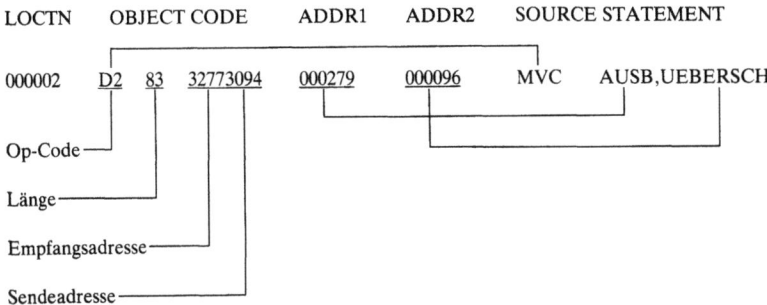

```
LOCTN    OBJECT CODE          ADDR1     ADDR2     SOURCE STATEMENT

000002   D2  83  32773094     000279    000096    MVC    AUSB,UEBERSCH

Op-Code
Länge
Empfangsadresse
Sendeadresse
```

Die Länge ist die um 1 reduzierte Länge von AUSB in sedezimaler Darstellung ($83_{(16)} = 131_{(10)}$). Auf die Erläuterung der Empfangs- und Sendeadressen (3277 3094) im Objectcode wird hier verzichtet, da diese Form der Adressierung noch nicht behandelt wurde. Die Operandenadressen werden auch unter ADDR1 und ADDR2 aufgezeigt. Bei ADDR1 ist die Adresse (Adreßpegel) 000279 für AUSB und bei ADDR2 die Adresse 000096 für UEBERSCH aufgeführt.

```
LOCTN     OBJECT CODE           SOURCE STATEMENT

000096    4040404040404040      UEBERSCH   DC    CL132'...
   .
   .
   .
000279                          AUSB       DS    CL132
```

Vor der Übersetzung kann festgelegt werden, ob von den definierten Konstanten maximal die ersten acht Zeichen oder alle Zeichen im Übersetzungsprotokoll aufgelistet werden. In diesem Beispiel haben wir uns für das Auflisten der ersten acht Zeichen entschieden. Dies ist bei den Konstanten UEBERSCH, UEBSCH1 und LEER zu erkennen.

Nach dem MVC-Befehl ab der Adresse 000002 folgt der PUT-Makro ab der Adresse 000008, da der MVC-Befehl 6 Bytes belegt. Anschaulich zeigt das Listing, daß der Adreßpegel in jeder Makrozeile aufgrund der Makroauflösung weitergeschaltet wird (siehe übrige GET- und PUT-Makros[25]).

6.4. Test

Es soll schon vorgekommen sein, daß Programme auf Anhieb fehlerfrei abgelaufen sind. Dies ist allerdings die Ausnahme.
Normalerweise werden bei der Programmerstellung Fehler gemacht. Diese Fehler können nur durch mehr oder weniger umfangreiche Tests gefunden und anschließend beseitigt werden.
Das Testen von Programmen bzw. Programmsystemen ist bei allen Softwareprodukten zwingend erforderlich und in der Regel sehr aufwendig. Für die Testphase werden etwa 50% der Entwicklungskosten eines Softwareproduktes benötigt.
In einem Softwareentwicklungsprozeß – von der Planungsphase bis zur Einsatzphase – werden an vielen Stellen Fehler gemacht. Dies erfordert, daß auch an vielen Stellen während des Entwicklungsprozesses getestet wird.
Fehler sollten möglichst sofort erkannt und beseitigt werden können. Ist dies nicht der Fall, so muß mit diesen Fehlern, die auch Planungsfehler sein können, weitergearbeitet werden. Dies führt in der Regel zu sogenannten Folgefehlern. Hier findet die Faustregel Anwendung »Je später ein Fehler erkannt und beseitigt wird, um so mehr kostet er!«
Es ist bestimmt mit ein Grund von überteuerter Software, daß der Entwickler keine ausreichende »Teststrategie« hat. Zum effektiven Entwickeln von Software gibt es verschiedene Werkzeuge und Methoden, die sowohl die Fehlerquellen bereits bei der Entwicklung reduzieren, als auch das Testen von Programmen wesentlich unterstützen.
Wir beschränken uns hier in diesem Lernprogramm auf das Testen von Quell- und Objektprogrammen ohne besondere Hilfsmittel.
Bei dieser Art des Testens werden zwei Stufen der Fehlerbehandlung unterschieden.
Stufe 1: Formale Fehler (Syntax-Fehler)
Stufe 2: Logische Fehler

---

25 Wahlweise können die zu einem Makroaufruf gehörenden Maschinenbefehle auf dem Listing ausgedruckt werden. In dem dargestellten Listing wurde aus Übersichtsgründen darauf verzichtet.

Formale Fehler

Jede Programmiersprache unterliegt formalen Regeln. Der Programmierer muß sich beim Codieren des Programms an diese formalen Regeln halten. Unterlaufen ihm dabei trotzdem formale Fehler (z.B. fehlendes Komma zwischen zwei Operanden), so werden diese vom jeweiligen Compiler oder vom Assembler bei der Programmübersetzung erkannt und in einem Fehlerprotokoll aufgelistet. Der Assembler-Übersetzer listet zusätzlich im Übersetzungsprotokoll in der Spalte FLAG formale Fehler mit einem Kurzkennzeichen auf. Der Programmierer muß diese erkannten formalen Fehler im Quelleprogramm verbessern. Anschließend ist das verbesserte Programm erneut zu übersetzen. Bei dieser erneuten Übersetzung werden vom Assembler u.U. erneut formale Fehler festgestellt, da der Programmierer beim Verbessern »neue Fehler« gemacht haben kann. Das »Verbessern« und »Übersetzen« muß nun solange durchgeführt werden, bis das Quelleprogramm ohne formale Fehler vorliegt.

Logische Fehler

Ist das Programm formal fehlerfrei, dann wird es mit Hilfe von Testdaten auf seine Funktionen geprüft. Dies ist der eigentliche »Testlauf«. Damit ist gemeint, daß die durch das Programm ermittelten Ergebnisse mit den vorher berechneten Ergebnissen verglichen werden. Stimmen beide Ergebnisse nicht überein, so liegt ein sogenannter logischer Fehler vor. Dies wäre z.B. dann der Fall, wenn in unserem Programm VERPROV die erste Überschrift »VERTRETERPROVISION« bereits in Spalte 1 der Überschriftszeile beginnt anstatt in Spalte 30.
Ist ein logischer Fehler vorhanden, muß das Programm Schritt für Schritt überprüft werden, bis der fehlerverursachende Befehl gefunden ist. Anschließend muß nun im Quellprogramm dieser Befehl oder die Logik geändert werden.
Danach ist das Quellprogramm erneut zu übersetzen; anschließend wird wieder ein Testlauf durchgeführt.
Diese beiden Schleifen »Übersetzen mit Verbessern« und »Testlauf mit Logik ändern« sind solange durchzuführen, bis das vorher berechnete oder gewünschte Ergebnis durch das Programm ermittelt wird.
Erst wenn dieser Zustand gegeben ist, sollte ein Programm in eine Programmbibliothek übernommen werden, von wo es bei Bedarf jederzeit in die Zentraleinheit geladen werden kann.

Testen von Quell- und Objektprogramm

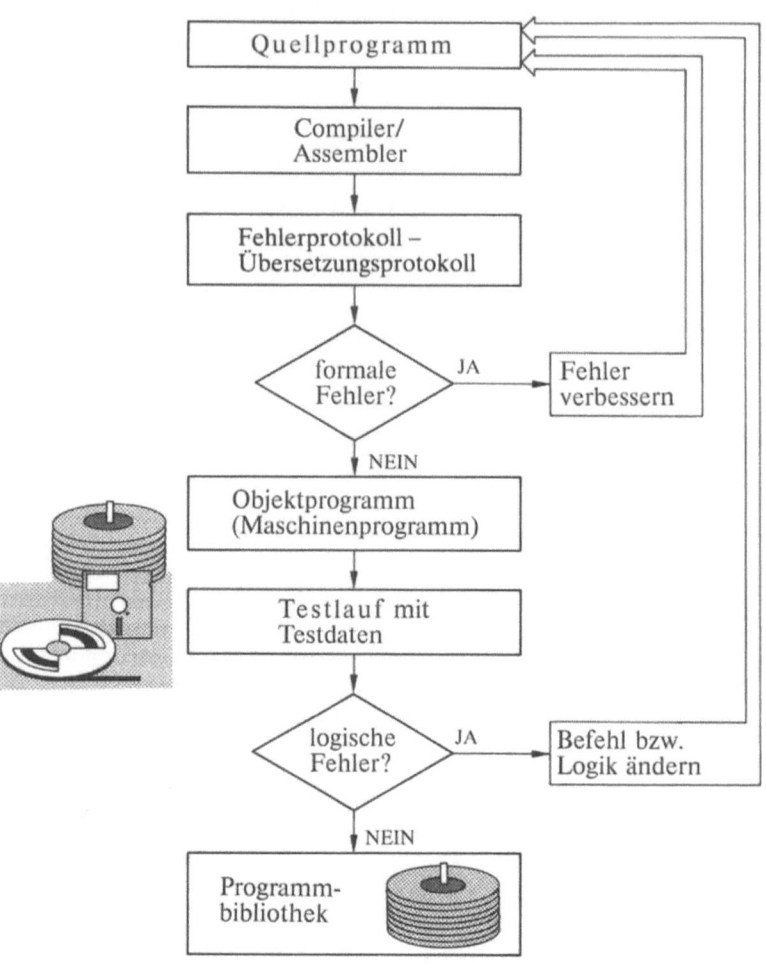

6.5. Erstellung eines Speicherauszugs, Dump

In Programmen *ist es oft zweckmäßig, einen sogenannten Speicherauszug zu erstellen*. Ein Speicherauszug, auch Dump genannt, ist ein Abbild aller Stellen des Arbeitsspeichers, die von dem jeweiligen Programm belegt und verwendet wurden. Durch entsprechende Maßnahmen kann ein solcher Dump für jedes Programm erstellt werden, so daß daran die Ausführung der einzelnen Befehle nachvollzogen werden kann.

Bei Ausgabe eines Speicherauszugs wird außerdem der Stand des Befehlszählers mit ausgedruckt und hierdurch der fehlerhafte Befehl gekennzeichnet, zumindest aber die »Nähe« des Fehlers ersichtlich gemacht. Im Rahmen dieses Buches wird der Dump nicht näher vorgestellt, es soll lediglich darauf hingewiesen werden, daß es die Möglichkeit des Speicherauszugs gibt und damit dem Programmierer die Fehlersuche erleichtert werden kann.

Übungen zu den Kapiteln 3 bis 6

Die Ergebnisse der folgenden Aufgaben sind im Lösungsteil ab Seite A12 zu finden.

1. Welche der folgenden Aussagen zum Assemblerformular sind richtig?

    a) Symbolische Adressen (Namen) und Op-Teile werden durch Zwischenraum getrennt.
    b) Durch einen Stern (*) in Spalte 1 wird die ganze Zeile als Bemerkungszeile interpretiert und nicht übersetzt.
    c) Spalte 72 muß immer frei bleiben.
    d) Kommentare können erst ab Spalte 40 beginnen, wenn sie durch mindestens einen Zwischenraum von den Operanden getrennt werden.
    e) Operationsteile und Operanden können, müssen aber nicht durch Zwischenraum getrennt werden.

2. Welche drei Sprachelemente werden in Assembler unterschieden (ohne Kommentare)?

    Antwort: ....
    ....
    ....

3. Welche der folgenden Aussagen ist falsch?

    a) Ein Quellprogramm ist ein übersetztes, in Maschinensprache vorliegendes Programm.
    b) Quellprogramm ist ein anderer Name für Primärprogramm.
    c) Unter dem Betriebssystem versteht man eine Vielzahl von Systemprogrammen, die zur Unterstützung des Programmierers und Operators dienen.
    d) Die Assemblersprache ist eine symbolische Programmiersprache.

4. Welche Bedeutung hat die Adresse, die im Operandenfeld der END-Anweisung angegeben wird?

    a) Durch die Angabe der Anfangsadresse in der END-Anweisung wird bei einem Programmlauf der Befehlszähler mit dem Wert dieser Adresse geladen.

b) Diese Adresse setzt den Adreßpegel wieder auf Null.

5. Welche Zeichen werden bei Ausführung der folgenden DC-Anweisungen generiert?

```
(1)  DC   CL1'A'
(2)  DC   C'100'
(3)  DC   CL3'00'
(4)  DC   CL2'*'
(5)  DC   C'C'
(6)  DC   C' '
```

Ergebnis
....
....
....
....
....
....

6. Welche impliziten Längen haben die Anweisungen in Aufgabe 5?

   (1) .... (4) ....
   (2) .... (5) ....
   (3) .... (6) ....

7. Wie viele Arbeitsspeicherstellen werden bei folgenden Anweisungen reserviert, und wie lauten die impliziten Längen?

```
DS   CL80
DS   4CL20
DS   2CL40
DS   1CL80
```

Ergebnis   Implizite Länge

8. Bei welcher Anzeige des CLC-Befehls verzweigt die Programmsteuerung in Aufgabe 10 nach ENDE?

   Antwort: ....

9. Die Befehlsformate des BC-Befehls und des CLC-Befehls sind zu skizzieren.

   Befehlsformat BC:

   Befehlsformat CLC:

87

10. Wie lautet der Adreßpegelstand – sedezimale Angabe – in Statement vier (Sprungbefehl)?

Name	Operation	Operanden und Bemerkungen
	START	216
	MVC	AUSB, EINB
	CLC	AUSB, KONST
	BE	ENDE
ENDE	TERM	

Antwort: ....

11. Welche drei Stufen des Übersetzungsvorgangs unterscheidet man, bis das Modul als Ergebnis der Übersetzung vorliegt?

Antwort:
a) ....
b) ....
c) ....

12. Gegeben sei das nachstehende Programm:

Name	Operation	Operanden und Bemerkungen
	START	10
ANF	GET	KARTE
	CLC	EINB, ENDKARTE
	BE	EOJ
	MVC	AUSB, BLANK
	MVC	AUSB(80), EINB
	PUT	DRUCK
	B	ANF
EOJ	TERM	
BLANK	DC	132C' '
AUSB	DS	CL132
EINB	DS	40CL2
ENDKARTE	DC	CL2'**'
	END	ANF

Welche der folgenden Aussagen ist falsch?

a) Der Befehlszähler enthält beim Laden des Programms den

Wert der Adresse ANF, die in der END-Anweisung angegeben ist.
b) Durch die START-Anweisung erhält die Adresse ANF den Wert $10_{(10)}$.
c) Die Längenangabe der letzten DC-Anweisung ist unnötig.
d) In diesem Programm ist eine Programmschleife eingebaut.
e) Der Pseudosprungbefehl B könnte durch einen BC-Befehl mit der Maske 8 ersetzt werden.
f) Die explizite Längenangabe der Operandenadresse AUSB in Zeile 6 bestimmt die Anzahl zu übertragender Bytes, nicht die implizite Länge von AUSB.
g) Die implizite Länge von EINB beträgt 2 Bytes.

13. Welche der angeführten Sprachelemente sind Assembler-Anweisungen?

    a) PUT   e) BL   i) BH   m) ENDE
    b) MVC   f) CLC   j) TERM   n) ANF
    c) START   g) DC   k) BC   o) BEG
    d) END   h) B   l) DS   p) AUSB

14. Gegeben sei folgendes Maschinenprogramm:

    ```
    0100:   D5 02  0200 0400
    0106:   47 80  0300
    010A:
      |
      |
      |
    0200:   5C 5C  40 40
      |
      |
      |
    0300:   D2 10  0800 0600
      |
      |
      |
    0400:   5C 5C  5C 40
    ```

    a) Wie lautet der mnemotechnische Operationscode des Befehls auf Adresse 0100?
    b) Wie viele Bytes werden verglichen?
    c) Wird der Sprung zur Adresse 0300 ausgeführt?
    d) Wie viele Bytes überträgt der MVC-Befehl unter der Adresse 0300?

Antworten:
a) ....
b) ....
c) ....
d) ....

15. Wie muß der BC-Befehl lauten, um sowohl bei Anzeige 0 als auch bei Anzeige 1 zur Adresse WEITER zu verzweigen?

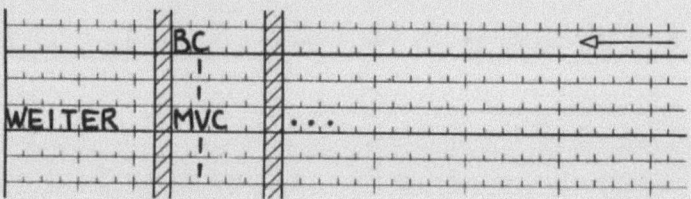

16. Welchen Fehler enthält das folgende Programm, wenn damit eine Lochkarte dupliziert werden soll?

    Antwort: ....

Name	Operation	Operanden und Bemerkungen
	START	0
ANF	GET	KARTE
	MVC	AUSB,EINB
	PUT	STANZ
	TERM	
EINB	DS	CL80
AUSB	DS	CL40
	END	ANF

7. Das wohlstrukturierte Assemblerprogramm

Aus didaktischen Gründen wurden bis jetzt die Regeln für eine sogenannte »wohlstrukturierte Programmierung« vernachlässigt. Bei konsequenter Anwendung dieser Grundsätze wird zweierlei erreicht:
- Der Aufwand für den Entwurf, das Schreiben sowie das Testen von Assemblerprogrammen ist geringer.
- Die Wartbarkeit, d. h. Betreuung und Verbesserung dieser Programme ist überdurchschnittlich gut.

Einige dieser Regeln für eine wohlstrukturierte und somit lese- und änderungsfreundliche Assemblerprogrammierung werden im folgenden vorgestellt. In den Teilen 2 und 3 dieses Lernprogramms werden dann noch weitere Regeln eingeführt und geübt.

7.1. Kommentare/Bemerkungen

Das Lesen eines Assemblerprotokolls (Assembler-Listing) wird – wie bereits im Übungsprogramm »Vertreterprovision« gezeigt – durch den richtigen Einsatz von Kommentaren sehr erleichtert. Richtige und aussagekräftige Kommentare sind auch bei der Fehlersuche in einem Assemblerprogramm von Vorteil.

Beispiel:

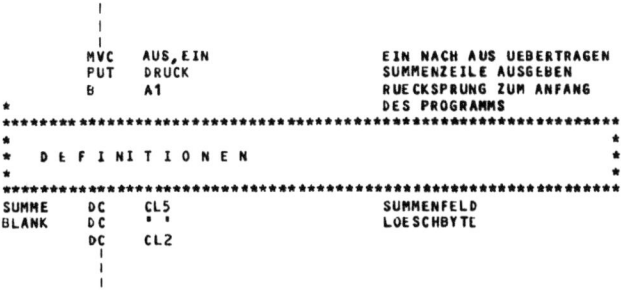

In bestimmten Fällen sind Kommentare unerläßlich, wenn z. B. gewährleistet sein soll, daß bei zukünftigen Programmänderungen die ursprünglich ausgedachte Programmlogik nicht zerstört werden kann. Als Beispiel hierfür dient die 2. Lösung der Aufgabe 10 auf Seite A6.

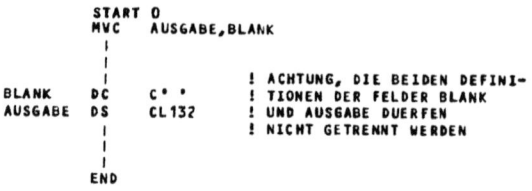

Mit dem MVC-Befehl wird also der Bereich AUSGABE gelöscht.

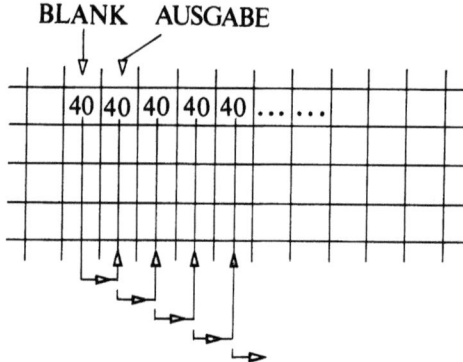

Der Kommentar im Assemblerprogramm sollte deswegen erfolgen, damit bei einer eventuellen späteren Programmänderung die beiden Definitionen nicht – z. B. durch Einschieben einer weiteren Definition – getrennt werden.

```
           START 0
           MVC   AUSGABE,BLANK
                 |
                 |
                 |
BLANK      DC    C' '
WERT       DC    C'DM'  <——
AUSGABE    DS    CL132
                 |
                 |
           END
```

Jetzt würde mit den MVC-Befehl der Bereich AUSGABE wie folgt gelöscht werden:

BLANK WERT AUSGABE

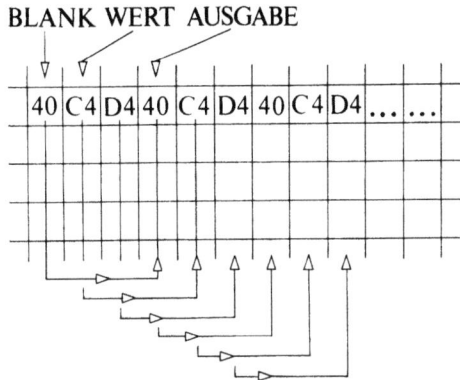

7.2. Das Längenmerkmal

Neben der impliziten Längenangabe besteht die Möglichkeit, die gewünschte Länge von Operanden, auf die sich ein Assemblerbefehl bezieht, direkt im Befehl anzugeben.

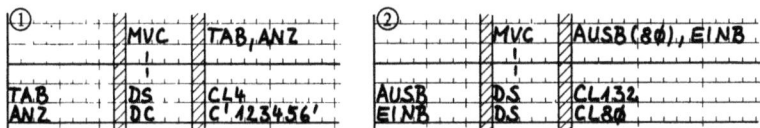

Bei dem MVC-Befehl ① werden die ersten 4 Bytes von ANZ nach TAB übertragen, da TAB die implizite Länge 4 besitzt. Bei ② wird nicht in der impliziten Länge 132 des Bereiches AUSB übertragen, sondern in der explizit angegebenen Länge 80.
Tritt die Notwendigkeit auf, das Programm ② zu einem späteren Zeitpunkt derart zu ändern, daß z. B. der Eingabebereich EINB eine Länge von 100 Bytes hat, so bedeutet dies eine zweifache Änderung innerhalb des Assemblerprogramms *vor einer Neuübersetzung*.

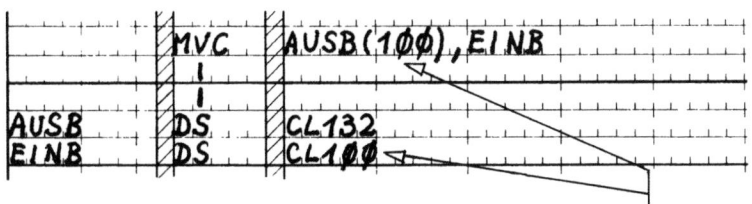

Zweifache Änderung des Assemblerprogramms vor einer Neuübersetzung

Nicht nur, um den Änderungsaufwand so gering wie möglich zu halten, sondern auch um zu gewährleisten, daß keine abhängigen Änderungen vergessen werden, sollte der Gebrauch von expliziten Längenangaben in Befehlen möglichst vermieden werden. In der Praxis wird als Längenangabe ein *Längenmerkmal* verwendet.

Beispiel:

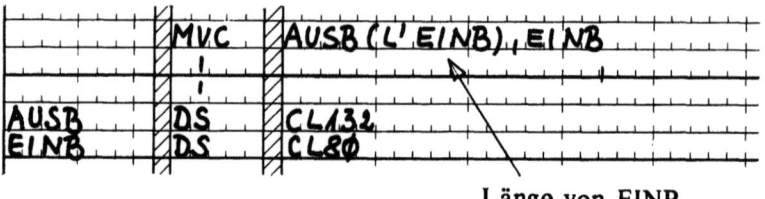

Länge von EINB

Die Anwendung eines Längenmerkmals erfolgt dadurch, daß vor den symbolischen Namen der Buchstabe L, gefolgt von einem Apostroph, gesetzt werden. Durch den Assemblerübersetzer wird dann die implizite Länge des Namens eingesetzt. Dies hat also den Vorteil, daß bei einer evtl. notwendigen Änderung der Länge des Bereichs EINB nicht auch der oder die entsprechenden Befehle geändert werden müssen. Es ist somit auch sichergestellt, daß beim Ändern keine abhängigen Befehlsänderungen übersehen werden.

7.3. Die Feldunterteilung

Im Beispiel »Vertreterprovision« aus Abschnitt 6 werden in den Eingabebereich EINB Lochkarten mit mehreren Einzelfeldern eingelesen.

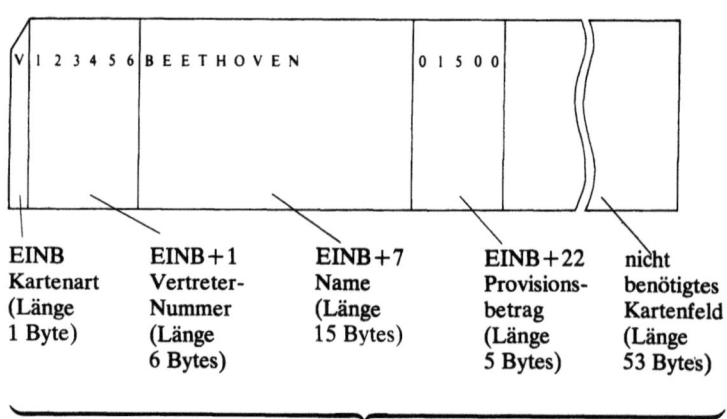

Auf diese Felder wird im Verarbeitungsteil des Programms »Vertreterprovision« wie folgt Bezug genommen.

```
CLC    EINB(1),V
BNE    LES
MVC    AUSB+5(6),EINB+1
MVC    AUSB+36(15),EINB+7
MVC    AUSB+77(5),EINB+22
```

Da nur der Eingabebereich EINB definiert ist, nicht jedoch die Einzelfelder, können die impliziten Längenangaben (1), (6), (15) und (5) nicht durch Längenmerkmale ersetzt werden.

Der Einsatz von Längenmerkmalen wird jedoch ermöglicht, wenn der Bereich EINB in die benötigten Einzelfelder unterteilt wird. Eine sogenannte *Feldunterteilung* kann erreicht werden, wenn zwar für den gesamten Bereich der Name EINB und die implizite Länge festgelegt werden, aber mit dem Wiederholungsfaktor *Null* bei der Speicherbereichsdefinition eine Adreßpegelerhöhung verhindert wird.

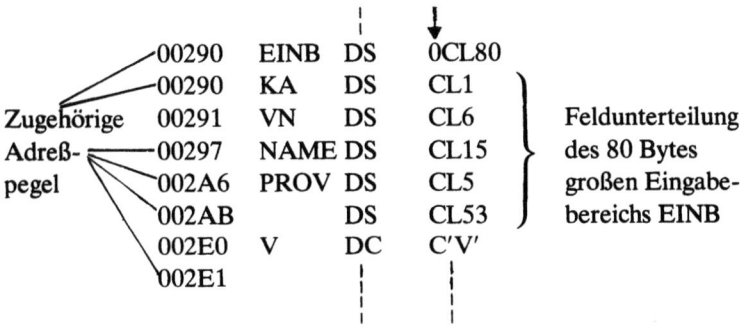

Mit dem Wiederholungsfaktor 0 in der ersten DS-Anweisung wird zwar ein Bereich mit dem Namen EINB und der implizierten Länge 80 vereinbart, jedoch kein Speicherbereich reserviert. Es ist somit eine weitere Feldunterteilung in die Felder KA (Kartenart), VN (Vertreternummer), NAME sowie PROV (Provisionsbetrag) möglich. Die Erhöhung des Adreßpegels um die 53 in EINB nicht verwendeten Bytes erfolgt mit einer weiteren DS-Anweisung.

Im Übungsbeispiel »Vertreterprovision« können nun im Verarbeitungsteil die expliziten Längenangaben durch Längenmerkmale ersetzt werden.

```
CLC    KA,V
BNE    LES
MVC    AUSB+5(L'VN),VN
MVC    AUSB+36(L'NAME),NAME
MVC    AUSB+77(L'PROV),PROV
```

7.4. Das Struktogramm

Symbole und Beispiele
nach DIN 66001

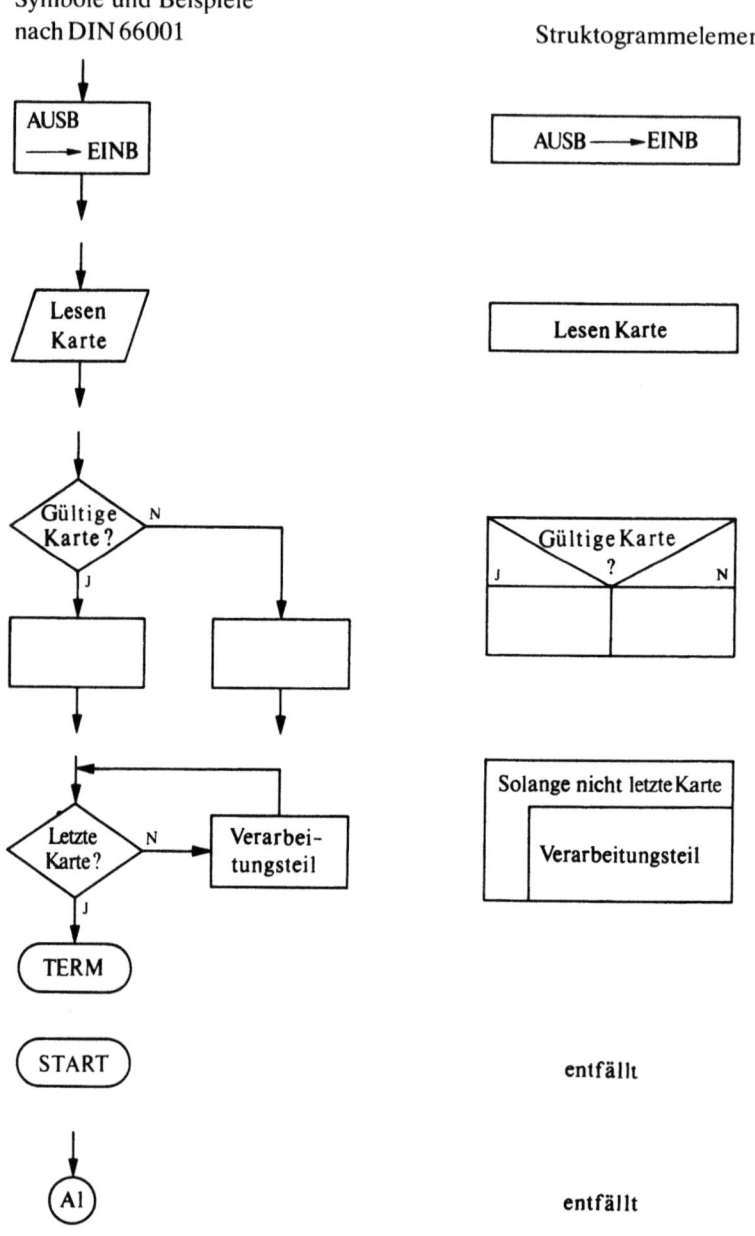

Neben der bislang vorgestellten Art der Darstellung von Programablaufplänen nach DIN 66001 wird in der Praxis verstärkt die Darstellung mittels *Struktogrammen* eingesetzt. Ein Struktogramm ist eine Methode, Programmabläufe *übersichtlich* und *klar strukturiert* zu erstellen. Vorstehende Gegenüberstellung zeigt bereits die wesentlichen Symbole von Struktogrammen. Eine vollständige Darstellung erfolgt in Teil II dieses Lernprogramms.

7.5. Übungsbeispiel »Vertreterprovision«

Das in Abschnitt 6 erarbeitete Programm »Vertreterprovision« wird nachfolgend noch einmal vorgestellt unter Berücksichtigung der bislang bekannten Regeln für eine wohlstrukturierte Programmierung:
- Verwendung eines Struktogramms zur Darstellung der Programmlogik
- Sinnvoller Einsatz von Kommentaren
- Anwendung der Feldunterteilung im Eingabebereich EINB
- Einsatz von Längenmerkmalen

Weitere Regeln zur wohlstrukturierten Programmierung werden, wie bereits erwähnt, in den Teilen II und III dieses Lernprogramms vorgestellt.

1. Überschrift UEBSCH 1 → AUSB		
1. Überschrift ausgeben		
2. Überschrift UEBSCH 2 → AUSB		
2. Überschrift ausgeben		
AUSB löschen		
Lesen Karte solange nicht 'ENDE'		
Kartenart = 'V' ?		
J		N
Vertreternummer → AUSB		
Name → AUSB		
Provisionsbetrag → AUSB		
'DM' → AUSB		
Zeile ausgeben		

```
SIEMENS F-ASSEMBLER LISTING                                                     13:40:10  87-04-09

FLAG LOCTN OBJECT CODE      ADDR1    ADDR2    STMNT M  SOURCE STATEMENT

     000000                                       1           VERPROV  START
     000000                                       2
     000000                                       3
     000002 05 30                                 4    ANFANG  MVC   AUSB,UEBSCH1      UEBERSCHRIFT1 -> AUSB
     000002 D2 83 30E3316E 000E5 000000           5            PUT   DRUCK             AUSB AUSGEBEN
     000008                                       6
     000008 41 10 0000        000000              285          MVC   AUSB,UEBSCH2      UEBERSCHRIFT2 -> AUSB
     00000E D2 83 30E331F2 000E5 0001F4           287          PUT   DRUCK             AUSB AUSGEBEN
     000010                                       288
     000016 41 10 0000        000000              292          MVC   AUSB,LEER         AUSB LOESCHEN
     00001E D2 83 30E33276 000E5 000278           294  LES     GET   KARTE             LESEN KARTE -> EINB
     000024                                       295
     000024 41 10 0000        000000              299          CLC   EINB(L'EKRIT),EKRIT  LETZTE KARTE?
     000048 D5 03 30943167 000096 000169          300          BE    HALT                 WENN JA, PROGRAMMENDE
     00004E 47 80 307E        00007E              309          CLC   KA,V                 KARTENART = V?
     000052 D5 00 30943160 000096 00016D          310          BNE   LES                  WENN NEIN, NAECHSTE KARTE
     000058 47 70 3022        000024              311          MVC   AUSB+5(L'VN),VN      VERTRETERNUMMER -> AUSB
     00005C D2 05 30E63095 000E4 000097           312          MVC   AUSB+36(L'NAME),NAME NAME -> AUSB
     000062 D2 0E 31073098 000109 00009D          313          MVC   AUSB+77(L'PROV),PROV PROVISIONSBETRAG -> AUSB
     000068 D2 04 31303BA4 000132 0000AC          314          MVC   AUSB+83(L'DM),DM     DM -> AUSB
     00006E D2 01 31363158 000138 00000D          315          PUT   DRUCK                AUSB AUSGEBEN
     000074                                       316
     000074 41 10 0000        000000              320          B     LES
     00007C 47 F0 3022        000024              322  HALT    TERM                    PROGRAMMENDE
     000080                                       323          *********************************
     000080                                       335          *                               *
     000096                                       336          *********************************
     000096                                       337          *        DEFINITIONEN
     000096                                       338  EINB    DS    0CL80             EINGABEBEREICH LAENGE 80 BYTES
     000096                                       339  KA      DS    CL1               KARTENART
     000097                                       340  VN      DS    CL6               VERTRETERNUMMER
     00009D                                       341  NAME    DS    CL15              NAMENSFELD
     0000AC                                       342  PROV    DS    CL5               PROVISIONSBETRAG
     0000B1                                       343          DS    CL52              REST VON EINB
     0000E5                                       344  AUSB    DS    CL132             AUSGABEBEREICH LAENGE 132 BYTES
     000169 C5D5C4C5                              345  EKRIT   DC    C'ENDE'           ENDEKRITERIUM
     00016D C4D4                                  346  DM      DC    C'DM'             ZEICHENKONSTANTE DM
     00016F E5                                    347  V       DC    C'V'              ZEICHENKONSTANTE V
     000170 40404040404040          348  UEBSCH1  DC    CL132' '
     0001F4 E5C5D9E3D9C5E3C5        349  UEBSCH2  DC    CL132'VERTRETERPROVISION'
                                                                               NAME                 VERTRETERPROVISION'
                                                                                      PROVISIONSBETRAG'
     000278 40404040404040                        350  LEER    DC    CL132' '
     000002                                       351          END   ANFANG
```

Ausblick

Mit der Durcharbeitung auch des im Teil II folgenden Lernprogrammabschnitts wird das wichtigste Grundlagenwissen – einschließlich eines Mindestmaßes an notwendigem Training – erworben. Vorläufig jedoch, und dies darf nicht übersehen werden, sind die behandelten Programme nicht ablauffähig. Einige zur ordnungsgemäßen Ausführung eines Assemblerprogramms erforderlichen Einzelheiten wurden noch nicht erörtert und fehlen in allen bislang gezeigten Programmen.

Warum indes die gezeigten Programme bisher nicht ablauffähig sind, wird nachzuholen sein, und zudem muß das Befehlsspektrum zur Erweiterung der Programmierung wesentlich ergänzt werden.

8. Lösungen

1.1. a) Nicht die Adresse, vielmehr der Inhalt der Speicherstelle mit der Adresse 0800 wird nach 0100 übertragen.

1.2. c) Da eine Dv-Anlage in einem Binär-Code arbeitet, müssen die symbolischen Assemblerkomponenten zuvor in die Maschinensprache umgesetzt werden. Nähere Erläuterungen folgen in Abschnitt 1.4.

1.3. a) Richtig

1.4. FELD: F2; ZAHL: F2.

2.1.   DC   C'8'

2.2. In der DS-Anweisung ist noch die symbolische Adresse der Speicherstelle anzugeben, die reserviert werden soll.

2.3. Es fehlt eine DS-Anweisung zur Festlegung des Speicherbereichs ARTIKEL.

2.4.

	MVC	ARTIKEL,PREIS
ARTIKEL	DS	CL7
PREIS	DC	C'DM/STCK'

2.5. Die implizite Länge der Adresse FELD beträgt 4 Bytes. ART hat ebenfalls eine implizite Länge von 4.

2.6. a) 7 Zeichen würden nur bei einer impliziten Länge des Empfangsfeldes von 7 Bytes übertragen. Richtige Lösung: 10 Zeichen.

1.1. b) Diese Lösung ist richtig.

1.2. a) Symbolische Adressen *und* Operationsteil müssen vor dem Ablauf umgewandelt werden. Nähere Erläuterungen folgen in Abschnitt 1.4.

1.3. b) Antwort a ist richtig.

2.6. b) 10 Zeichen werden übertragen, das ist die implizite Länge von ARTIKEL.

2.7. b) Richtig, weiter mit Aufgabe 2.9.

2.8. a, d) Diese Lösungen sind hinsichtlich der Belegung der ersten beiden Bytes richtig. Da die implizite Länge aber nur 2 Bytes beträgt, werden nur C4 und D4 übertragen. Alle übrigen Speicherplätze behalten den ursprünglichen Inhalt. Weitere Erläuterungen folgen im Lernteil.

2.9. 256 Zeichen

2.10. Die richtige Lösung lautet: TAB: F1 F2 F3 F4 (im EBCDI-Code).

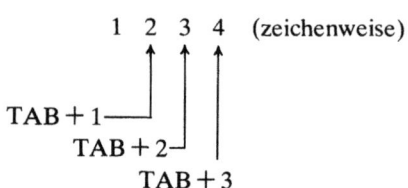

2.11. EMPF: BDV6G7. In diesem Beispiel bestimmt die implizite Länge von EMPF – da keine explizite Länge angegeben ist – die Anzahl der zu übertragenden Bytes. Weiter mit der nächsten Aufgabe im Lernteil.

2.12.

	MVC	EMPF+2(3),SEND
		Die Angabe der expliziten
EMPF	DS	CL6 Länge ist erforderlich, da sonst
SEND	DC	C'BDV6G7' 6 Bytes übertragen würden.

Wie dieses Beispiel zeigt, ist es möglich, in Befehlen als Adressen auch zusammengesetzte Ausdrücke anzugeben, z.B. EMPF+2, PREIS+5, AUSB−1. Nähere Angaben erfolgen in Band 3.

2.14. a) Diese Antwort ist richtig.

1.1. c) Umgekehrt, der Inhalt von 0800 nach 0100.

1.2. b) Richtig. Diese Vorgänge werden in Abschnitt 1.4 näher erläutert.

1.3. c) Der Inhalt von SEND bleibt unverändert.

2.7. c, d) Die richtige Lösung ist b, denn von Adresse PREIS werden 10 Bytes nach ARTIKEL übertragen, so daß der ursprüngliche Inhalt von ARTIKEL bis ARTIKEL + 9 überschrieben wird.

2.8. e) Doch. Eine der Antworten a bis d ist richtig.

2.13.

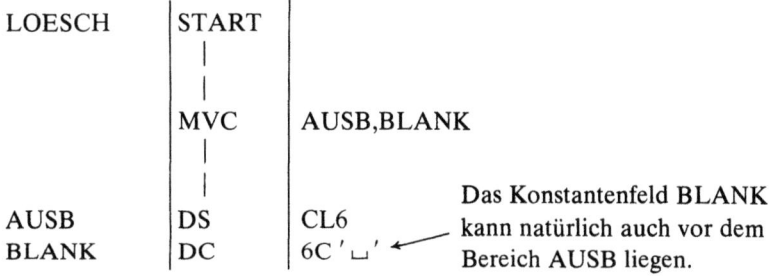

Durch die Angabe C'␣', also ein in Hochkommata eingeschlossenes Leerzeichen (Zwischenraum), erzeugt der Assembler die Verschlüsselung 40. Natürlich hätte man für das Sendefeld auch einen anderen Namen wählen können, z. B.

| LEERFELD | DC | 6C'␣' |

oder, statt eines Wiederholungsfaktors, sechs Leerstellen in Hochkommata einschließen können.

2.15. a) Es gibt in diesem Programm zwei MVC-Befehle und vier Anweisungen: START, DS, DC, END.
b) In dem durch AUSB definierten Speicherbereich stehen nach Ausführung der MVC-Befehle insgesamt 100 Leerstellen. Der Bereich AUSB wurde also gelöscht. Falls diese Frage richtig beantwortet wurde, kann mit Abschnitt 2.5 fortgefahren werden.

2.7. a) Die richtige Lösung ist b, denn der reservierte Bereich ARTIKEL (10 Bytes) wird mit den Daten ab PREIS überschrieben.

2.8. b) Richtig. Weiter mit Frage 2.9.

2.14. b) Assembleranweisungen beziehen sich stets, wie das Wort es aussagt, auf das Übersetzungsprogramm Assembler. Antwort a ist richtig.

2.16. Genau 6 Bytes, 1 Byte für den Op-Code, 1 Byte für die Längenangabe und jeweils 2 Bytes für die Adressen.

2.17. a) Es werden 4 Bytes übertragen. b) Im Längenfeld des Maschinenbefehls jedoch steht nach der Übersetzung der Wert 03.

3.1. Korrekt ausgefülltes Formular:

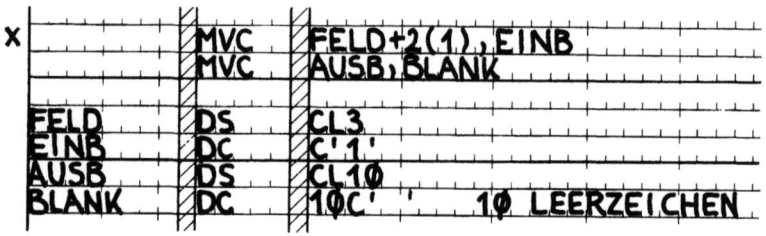

3.2. Richtige Aussagen sind b, c, e.

3.3. Noch während des Befehlsablaufs ist der Befehlszähler bereits um die Länge des gerade ablaufenden Befehls erhöht. Demnach lautet der Befehlszählerstand 000C (sedezimal).

4.1. Ein Bereich von 80 Bytes muß reserviert werden, um die Daten einer Lochkarte aufzunehmen.

4.2. Das Logische Ein-/Ausgabesystem (DMS) stellt für die Ausgabe von Daten den Makroaufruf PUT zur Verfügung.

5.13. a) Sprungmaske: $15_{(10)}$, alle Bits der Maske sind gesetzt.
b) Sprungmaske: 0, kein Bit der Maske ist gesetzt.

4.5. Günstig ist es, den Ausgabebereich vor der Verarbeitung zu löschen. Danach stehen an allen 132 reservierten Stellen Blanks mit der Verschlüsselung 40.

4.7. a) Richtig. Es gibt in der Tat noch kein solches Endekriterium.

4.8. c) Richtig. Es kann sofort mit Abschnitt 4.2.3 fortgefahren werden.

Lösungen zu den Übungen der Kapitel 1 und 2

1.
a)	DC	CL1 'A'	C1
b)	DC	CL2 'A'	C1 40
c)	DC	CL2 'AA'	C1 C1
d)	DC	CL5 '0'	F0 40 40 40 40
e)	DC	5CL1 '1'	F1 F1 F1 F1 F1
f)	DC	2CL3 '1'	F1 40 40 F1 40 40
g)	DC	2CL2 '12'	F1 F2 F1 F2

2.
a) 1 c) 2 e) 1 g) 2
b) 2 d) 5 f) 3

3. c und d sind falsch. In c ergibt sich eine implizite Länge von eins, in d wird F0 40 F0 40 erzeugt.

4. Die implizite Länge von MULT beträgt 10.

5. Die expliziten Längenangaben sind (1) im ersten MVC und (8) im zweiten MVC.

6. Arbeitsspeicherinhalt-MULT: XX C6 C6 C6 C6 C6 C6 C6 C6 C6.

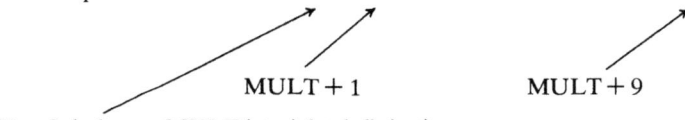

MULT + 1　　　　　MULT + 9

(Der Inhalt von MULT ist nicht definiert).

7. DC |C 'VERTRETERPROVISIONEN'

8. Drei Bytes, da die explizite Länge (3) maßgeblich ist.

9. BERECH   DS   256CL1   Implizite Länge: 1
BERECH   DS   CL256   Implizite Länge: 256

10. 1. Lösung:

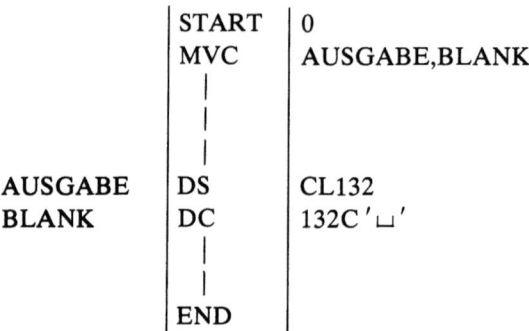

2. Lösung:

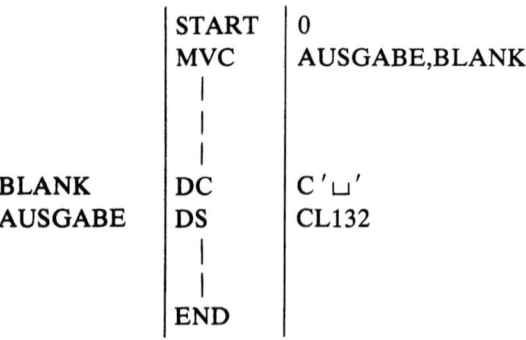

11. 0000: D2 00 0018 001C
0006: D2 02 0019 001D

0018: **XX XX XX XX**
001C: C1
001D: C4 C1 C3

12. ADAC

2.8. c) Die richtige Lösung ist b, denn die Zeichen D(C4) und M(D4) überschreiben die ersten 2 Bytes des Empfangsfeldes.

4.3.

Name	Operation	Operanden und Bemerkungen
DUPLIZ	START	0
BEG	GET	KARTE
	MVC	AUSB,EINB
	PUT	STANZ
	.	
	.	
EINB	DS	CL80 EINGABEBEREICH
AUSB	DS	CL80 AUSGABEBEREICH
	END	BEG

4.7. c) Der erste Teil der Antwort ist richtig. END ist jedoch eine Steueranweisung an den Übersetzer und kann daher den Programmlauf nicht beenden (vgl. die Abschnitte 2.4.2. und 3.4). Antwort a ist richtig.

4.8. b) Beim Lesen der folgenden Zeilen im Lernteil fällt auf, daß diese Lösung noch nicht richtig ist.

5.7. Das Ergebnis der Abfrage lautet: 1. Operand = 2. Operand. Diesem Vergleichsergebnis entspricht die Anzeige Null.

5.12. Alle Antworten sind richtig.
Zu a) Falls in EINB FF steht, wird Anzeige Null gesetzt und erst mit Maske 10 nach WEITER verzweigt, da die Masken 7 und 3 der vorangehenden Befehle die Anzeige Null nicht prüfen und demzufolge jeweils der nachfolgende Befehl ausgeführt wird.
Zu c) Die Programmsteuerung erreicht den zweiten BC-Befehl nur bei Anzeige Null, die jedoch von der Maske 3 nicht untersucht wird, so daß die Adresse STOP nicht angesprungen werden kann.
Zu e) Nur bei Anzeige Null werden die beiden ersten Sprungbefehle »durchlaufen«. Bei Ausführung des BC-Befehls mit der Maske 10 erfolgt aber der Sprung nach WEITER; folglich kann der nachfolgende Befehl nie ausgeführt werden.

4.4.

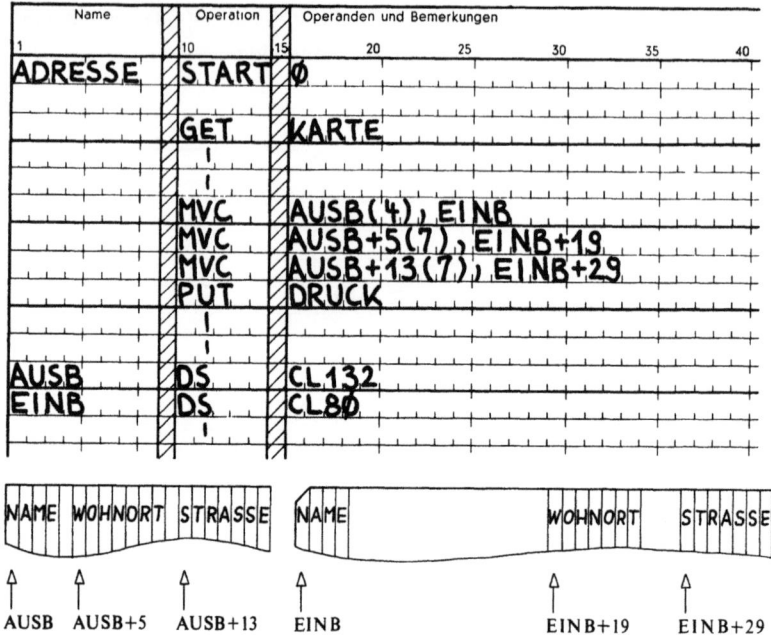

Die expliziten Längenangaben sind erforderlich, da sonst in der Länge von AUSB (132 Bytes) übertragen würde.

4.7. b) END ist zwar ein Endekriterium, aber zur Steuerung des Übersetzungsvorgangs, nicht für den Programmablauf (vgl. die Abschnitte 2.4.2 und 3.4). Antwort a ist richtig.

4.8. a) TERM nach der END-Anweisung würde bedeuten, daß der Makro außerhalb des Programms stünde. Antwort c ist richtig.

5.3. Das Programm müßte durch TERM beendet werden.

5.5. Ein Vergleichsbefehl

5.6. EINB, EINB + 1, EINB + 2 und EINB + 3, weil GET die Lochkartendaten nach EINB liest.

4.6.

Name	Operation	Operanden und Bemerkungen
ADRESSE	START	0
BEG	GET	KARTE
	MVC	AUSB, LEER
	MVC	AUSB(4), EINB
	MVC	AUSB+5(7), EINB+19
	MVC	AUSB+13(7), EINB+29
	PUT	DRUCK
	⋮	
LEER	DC	13,2C' '
AUSB	DS	CL132
EINB	DS	CL80
	END	BEG

5.4. Wenn in der Antwort das Wort »springen« enthalten ist, ist diese Aufgabe richtig beantwortet. Näheres folgt im Lernteil.

5.8. Die Lösungen lauten:

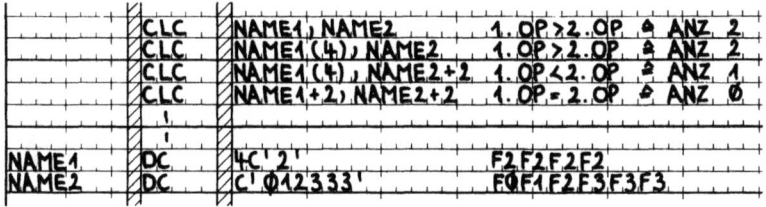

Die implizite Länge von NAME1 beträgt 1, deshalb wird im ersten CLC F2 mit F0 verglichen, woraus die Anzeige 2 resultiert. Im zweiten Vergleich werden F2 F2 F2 F2 (da explizite Länge angegeben) mit F0 F1 F2 F3 verglichen, was ebenfalls zu Anzeige 2 führt. In der dritten Operation schließlich werden F2 F2 F2 F2 mit F2 F3 F3 F3 und in Vergleich 4 F2 mit F2 verglichen.

5.2. Die Abfrage auf die Endekarte.

5.9. Sprungmaske 4, da Bit 2^6 gesetzt werden muß.

5.10. Für diesen Fall muß die Sprungmaske $15_{(10)}$ lauten.

5.11.

```
SCHLEIFE  START  0
ANF       GET    KARTE
          CLC    EINB(4),EKRIT
          BC     8,HALT
          MVC    AUSB,EINB
          PUT    STANZ
          BC     15,ANF
HALT      TERM
*         DEFINITIONEN & SPEICHERBEREICHE
EKRIT     DC     C'ENDE'
EINB      DS     CL80
AUSB      DS     CL80
          END    ANF
```

5.14.

```
SCHLEIFE  START  0
ANF       GET    KARTE
          CLC    EINB(4),EKRIT
          BE     HALT
          MVC    AUSB,EINB
          PUT    STANZ
          B      ANF
HALT      TERM
*         DEFINITIONEN & SPEICHERBEREICHE
EKRIT     DC     C'ENDE'
EINB      DS     CL80
AUSB      DS     CL80
          END    ANF
```

6.1.

Name	Operation	Operanden und Bemerkungen
VERPROV	START	
ANFANG	MVC	AUSB,UEBERSCH
	PUT	DRUCK 1. UEBERSCHRIFT AUSGEBEN
	MVC	AUSB,UEBSCH1
	PUT	DRUCK 2. UEBERSCHRIFT AUSGEBEN
	MVC	AUSB,LEER AUSB LOESCHEN
LES	GET	KARTE
	CLC	EIN5(4),EKRIT ENDE?
	BE	HALT WENN JA, PROGRAMMENDE
	CLC	EINA(1),V KARTE GUELTIG?
	BNE	LES WENN NICHT, NAECHSTE KARTE
	MVC	AUSA+5(6),EIN6+1 VERTRETERNR NACH AUSB
	MVC	AUSA+36(15),EIN6+3 NAME NACH AUSB
	MVC	AUSA+73(5),EIN6+2 PROV.BETRAG NACH AUSB
	MVC	AUSA+83(2),DM DM NACH AUSB
	PUT	DRUCK
	B	LES
HALT	TERM	
*		
UEBERSCH	DC	CL132' VERTRETERPROVISION'
DM	DC	C'DM'
UEBSCHA	DC	CL132'VERTRETERNUMMERN NAME
		PROVISIONSBETRAG'
EKRIT	DC	C'ENDE'
EINA	DS	CL89
V	DC	C'V'
LEER	DC	CL132' '
AUSB	DS	CL132
	END	ANFANG

5.1. Im Anschluß an die einzulesenden Karten plaziert man eine Endekarte. Durch Vergleich mit Endekriterien kann eine solche Endekarte dann als letzte Datenkarte erkannt werden. Näheres im Lernteil.

Lösungen zu den Übungen der Kapitel 3 bis 6

1. Richtige Aussagen sind a und b.

2. Befehle, Assembleranweisungen, Makroaufrufe.

3. Falsche Aussage: a

4. Richtig ist a.

5.

```
(1) DC  CL1'A'
(2) DC  C'100'
(3) DC  CL3'00'
(4) DC  CL2'*'
(5) DC  C'C'
(6) DC  C' '
```

Ergebnis:

C1
F1 F0 F0
F0 F0 40
5C 40
C3
40 40

6.

Anweisung	Implizite Länge	Anweisung	Implizite Länge
(1)	1 Byte	(4)	2 Bytes
(2)	3 Bytes	(5)	1 Byte
(3)	3 Bytes	(6)	2 Bytes

Die Längenangabe ist bestimmend für die implizite Länge!

7.

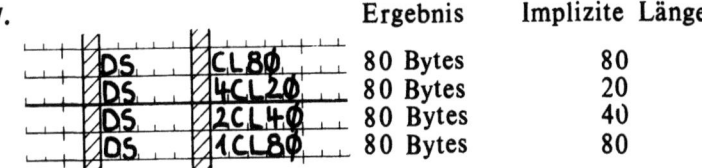

	Ergebnis	Implizite Länge
DS CL80	80 Bytes	80
DS 4CL20	80 Bytes	20
DS 2CL40	80 Bytes	40
DS 1CL80	80 Bytes	80

8. Bei Anzeige Null

9. Befehlsformat BC: | Op-Code | M|0 | Sprung-adresse |

Befehlsformat CLC: | Op-Code | Länge | Operanden-adresse 1 | Operanden-adresse 2 |

10. Adreßpegelstand: $E4_{(16)} = 228_{(10)}$ $(216 + 2 \cdot 6)$, da die beiden ersten Befehle 6 Bytes lang sind und die START-Anweisung den Wert 216 vorgibt.

11. a) Auflösung der Makros,
b) Erstellung des Adreßbuches,
c) Umsetzung in die Maschinensprache.

12. Falsche Antwort: e.

13. Assembleranweisungen sind: c) START, d) END, g) DC, l) DS.

14. a) CLC
b) 3 Bytes (im Maschinenbefehl steht immer die reduzierte Länge).
c) Nein, da Anzeige 1 gesetzt wird.
d) $17_{(10)}$ Bytes

15.

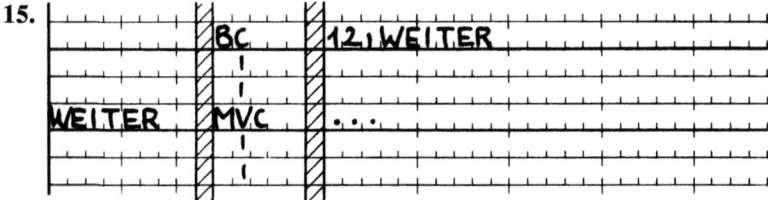

```
        BC    12,WEITER
WEITER  MVC   ...
```

16. Der Bereich AUSB ist mit 40 Bytes zu klein definiert.

Lösungen zum Grundlagen-Test

1. d) Gerätesteuerung; das ist die Steuerung eines peripheren Geräts.
2. b) Byte. Ein Bit ist nicht adressierbar, alle anderen vorgegebenen Antworten sind größere Einheiten.
3. a) Höherwertiges Halbbyte
4. 7, denn $111_{(2)} = 1 \cdot 2^2 + 1 \cdot 2^1 + 1 \cdot 2^0$.
5. Da C1 in einem Byte verschlüsselt ist, benötigt man hierfür 8 Bits.
6. e) Schnelldrucker
7. a); b); d).
8. a) 08; b) 0A; c) 10; d) 64; e) 14.
9. d) Inhalt unverändert
10. Im EBCDI-Code. Die Daten werden aus dem Lochkartencode in den EBCDI-Code umcodiert. Bei den Antworten c und d handelt es sich um Datenformate. Auf die Kenntnis dieser Datenformate wird häufig zurückgegriffen.

9. Anhang

Dieser Teil des Buches dient als Nachschlagewerk. Hierin ist eine Zusammenfassung der im Lernteil verwendeten Befehle, Anweisungen und Makroaufrufe gegeben.

Daneben sollen insbesondere die EBCDI-Code-Tabelle und die Umrechnungstabelle für Dezimal- und Sedezimalzahlen als Arbeitsbasis dienen.

Weitergehende Informationen über die Assemblersprache können Druckschriften und Beschreibungen der verschiedenen Hersteller von Datenverarbeitungsanlagen entnommen werden.

9.1. Dv-Anlage[26]

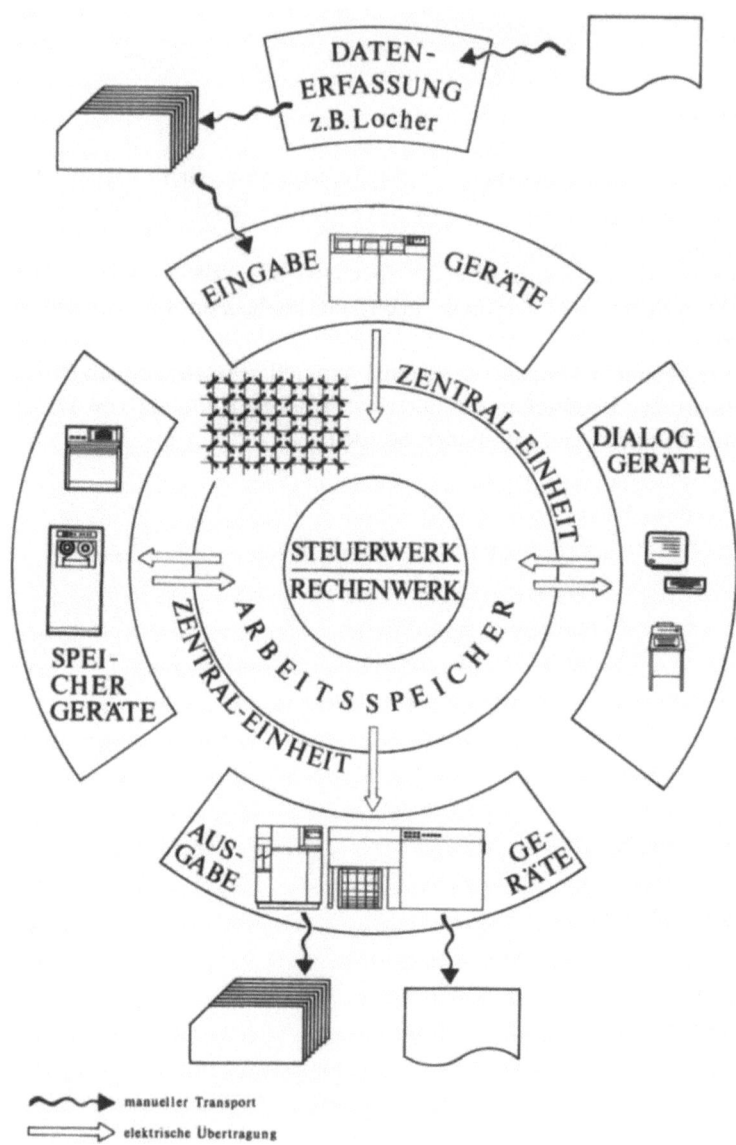

---

26 Darstellung nach Wolters, M. F.: Der Schlüssel zum Computer. Düsseldorf: Econ-Verlag 1973.

9.2. Symbole für Programmablaufpläne nach DIN 66001

Symbol	Bemerkung	Beispiel
▭	Internverarbeitung, Befehl	AUSB → EINB
▱	Eingabe-, Ausgabeoperation	PUT
◇ (J/N)	Programmverzweigung, Abfrage	Gültige Karte ? (J/N)
⬭	Grenzstelle, Programmbeginn, Programmende	START
⌐_	Bemerkungen, die den Programmablaufplänen angefügt werden können.	Endekarte sei /✻
○	Übergangsstelle, Konnektor	A

9.3. Das Assemblerformular

Das Assembler-Quellprogramm (Primärprogramm) wird auf einem Assemblerformular niedergeschrieben.
Eine Zeile auf dem Formular entspricht jeweils dem Inhalt eines Datensatzes.

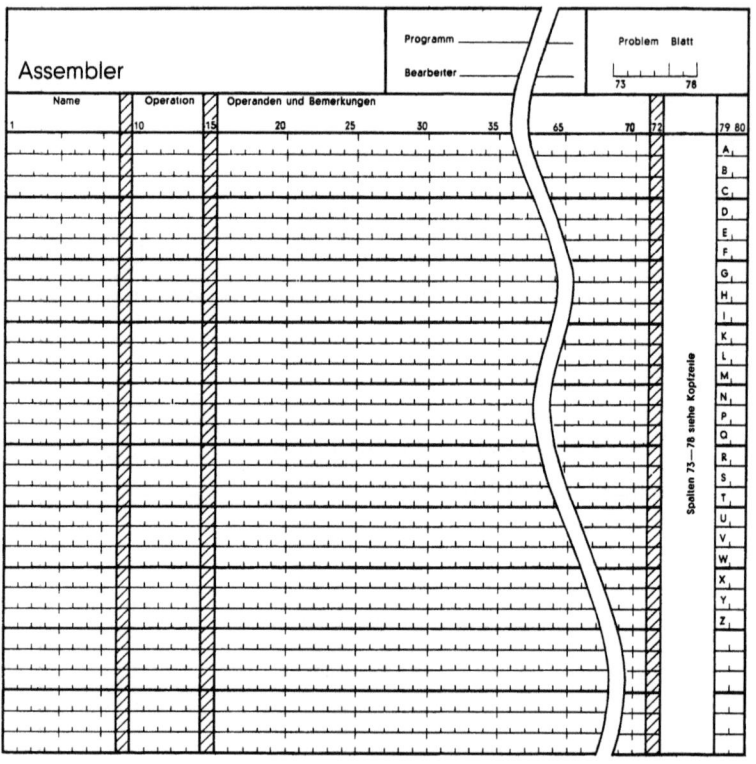

Die Anweisungen können nur dann Fortsetzungszeilen benutzen, wenn in Spalte 72 der Zeile, die fortgesetzt werden soll, ein beliebiges Zeichen (ungleich Zwischenraum) eingetragen ist. Maximal eine Fortsetzungszeile pro Anweisung ist möglich.

Die Spalten 73 bis 80 dienen zur Programmidentifizierung (z. B. Kartennumerierung 10, 20, 30, . . .).

Namensfeld: In das Namensfeld kann ein maximal 8 Zeichen langer Name eingetragen werden (symbolische Adresse). Diese Namen können aus Buchstaben und Ziffern bestehen, wobei das erste Zeichen ein Buchstabe sein muß. Eine symbolische Adresse darf keine Sonderzeichen (+, − =.*()'/&. usw.) und keine Zwischenräume enthalten.

Operationsfeld: Es enthält die mnemotechnische Verschlüsselung eines Befehls, einer Anweisung oder eines Makroaufrufs.

Operandenfeld: Das Operandenfeld enthält Angaben, die zur Ausführung der im *Operationsfeld* angegebenen Operation nötig sind. Die einzelnen Ausdrücke im Operandenfeld sind durch Kommata zu trennen.

Bemerkungen: Bemerkungen – auch Kommentare genannt – dienen der besseren Übersicht des Programmierers; sie bleiben unübersetzt. Bemerkungen müssen durch mindestens einen Zwischenraum vom letzten Operanden getrennt werden. Eine ganze Bemerkungszeile wird durch einen Stern (*) in der Spalte 1 gekennzeichnet.

9.4. Die Assembleranweisung START

Die Assembleranweisung START ist eine Anweisung an das Übersetzungsprogramm.

Name	Operation	Operanden
Symbolischer Name	START	Ein Direktwert oder leer

START bestimmt den Anfang einer Übersetzung und ordnet dem Programm einen Namen zu. Als Operand kann ein Anfangswert für den Adreßpegel zugewiesen werden. Fehlt der Operand, wird Null 0 angenommen.

Beispiel einer START-Anweisung:

```
Name         Operation   Operanden und Bemerkungen
1           10         15    20      25      30      35      40
PROGA        START      216
```

9.5. Die Assembleranweisung END

Mit der Assembleranweisung END wird die Übersetzung eines Programms beendet.

Name	Operation	Operanden
	END	Startadresse des Programms

END muß immer die letzte Anweisung eines Primärprogramms sein. Im Operandenteil der END-Anweisung wird die Adresse angegeben, bei der das Programm nach dem Laden beginnen soll. Gewöhnlich ist dies die Adresse (symb. Name) des ersten Befehls im Programm.

Beispiel einer END-Anweisung:

A20

9.6. Die Assembleranweisung »Define Storage«, DS

Mit der DS-Anweisung können Arbeitsspeicherbereiche festgelegt werden.

Name	Operation	Operanden
Symb. Name oder leer	DS	Ein einzelner Operand im Format **d f L n**

Es bedeuten:
d: Wiederholungsfaktor, der die Anzahl zu reservierender *Felder* angibt. Ohne diesen Faktor wird das *Feld* nur einmal reserviert.
f: Feldart, wobei Buchstaben zur Verschlüsselung angegeben werden.

Schlüssel	*Feldart*[27]
C	Abdruckbare Zeichen (Bytes)

Ln: n gibt die Feldlänge an (maximal 65535 Zeichen). Ist eine Länge angegeben, so ist sie gleichzeitig die implizite Länge des Feldes. Fehlt die Längenangabe, wird 1 angenommen.

Beispiele für DS-Anweisungen:

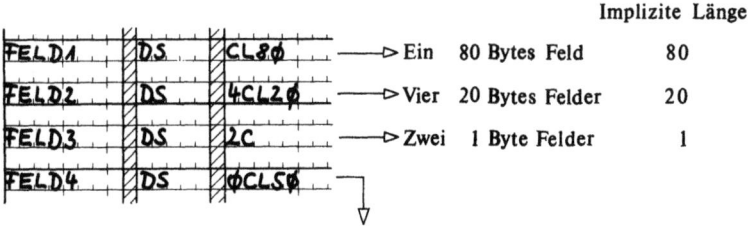

Eine DS-Anweisung mit dem Wiederholungsfaktor 0 ist zulässig. In diesem Fall werden dem Bereich zwar ein Name (FELD4) sowie eine implizite Länge (50) zugeordnet, jedoch kein Speicherbereich reserviert.

---

27 Weitere Feldarten werden in Teil II behandelt.

9.7. Die Assembleranweisung »Define Constant«, DC

Mit DC-Anweisungen können konstante Daten definiert werden.

Name	Operation	Operanden
Symb. Name oder leer	DC	Ein einzelner Operand im Format **d t L n** 'Konstante'

Es bedeuten:
d: Wiederholungsfaktor, der angibt, wie oft die gleiche Konstante hintereinander gespeichert werden soll. Ohne diesen Faktor wird die Konstante nur einmal erzeugt.
t: Durch t wird der Konstantentyp angegeben, wobei Buchstaben zur Verschlüsselung dienen.

Schlüssel	Typ[28]
C	Zeichenkonstante

Ln: n gibt die Konstantenlänge an. Ist eine Länge angegeben, so ist diese gleichzeitig die implizite Länge der Konstanten (bei Zeichenkonstanten maximal 256 Bytes). Fehlt die Feldlänge, so wird die Länge der Konstanten als implizite Länge angenommen.
'Konstante': Die Konstante selbst steht zwischen Hochkommata.

Beispiele für DC-Anweisungen:

Name	Op	Operand	Ergebnis	Implizite Länge
CKON1	DC	C'ENDE'	C5 D5 C4 C5	4
CKON2	DC	2C'AB'	C1 C2 C1 C2	2
CKON3	DC	CL2'ABC'	C1 C2	2
CKON4	DC	2CL3'AB'	C1 C2 40 C1 C2 40	3
CKON5	DC	CL6'123'	F1 F2 F3 40 40 40	6
CKON6	DC	CL2'12'	F1 F2	2

Ist ein Längenfaktor angegeben, der eine größere oder kleinere Länge in Bytes definiert, als die Konstante tatsächlich belegt, wird die Konstante am Ende mit Zwischenräumen (40) aufgefüllt, oder die letzten Zeichen der Konstanten werden vernachlässigt.

---

[28] Weitere Konstantentypen werden in Teil II behandelt.

9.8. Der Befehl »Move Characters«, MVC

Format: | Op-Code | Länge | Empfangs-adresse | Sende-adresse |

Op-Code: D2$_{(16)}$

Der Inhalt des durch die zweite Adresse angegebenen Sendefeldes wird in das durch die erste Adresse angegebene Empfangsfeld übertragen.
Die Verarbeitung erfolgt von links nach rechts.
Die Längenangabe bezieht sich auf die Empfangsadresse und enthält im Maschinenbefehl die Anzahl zu übertragender Bytes minus 1 (reduzierte Länge) in sedezimaler Form.

Beispiele für MVC-Befehle in Assemblerschreibweise:

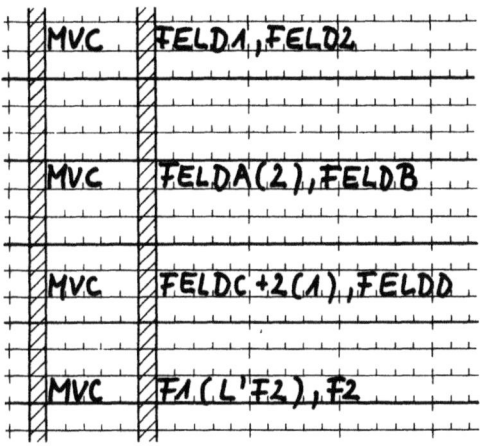

MVC FELD1,FELD2
Übertragen des Inhalts von FELD2 nach FELD1 mit der impliziten Länge von FELD1.

MVC FELDA(2),FELDB
Übertragen von 2 Bytes von FELDB nach FELDA.

MVC FELDC+2(1),FELDD
Übertragung eines Bytes von FELDD in das 3. Byte von FELDC.

MVC F1(L'F2),F2
Übertragen des Inhalts von F2 nach F1 mit der Länge von F2.

9.9. Der Befehl »Compare Logical Characters«, CLC

Format: | Op-Code | Länge | Operanden-adresse 1 | Operanden-adresse 2 |

Op-Code: D5$_{(16)}$

Der durch die erste Adresse angegebene Operand (Zeichen) wird logisch mit dem durch die zweite Adresse angegebenen Operanden verglichen.
Es wird bitweise von links nach rechts verglichen.
Entsprechend dem Ergebnis des Vergleichs wird eine Anzeige gesetzt.

Anzeige 0: 1. Operand = 2. Operand
Anzeige 1: 1. Operand < 2. Operand
Anzeige 2: 1. Operand > 2. Operand
Anzeige 3: Wird nicht verwendet

Die Längenangabe bezieht sich auf den ersten Operanden und enthält im Maschinenbefehl die Länge der zu vergleichenden Operanden minus 1 (reduzierte Länge) in sedezimaler Form.

Beispiele für CLC-Befehle in Assemblerschreibweise:

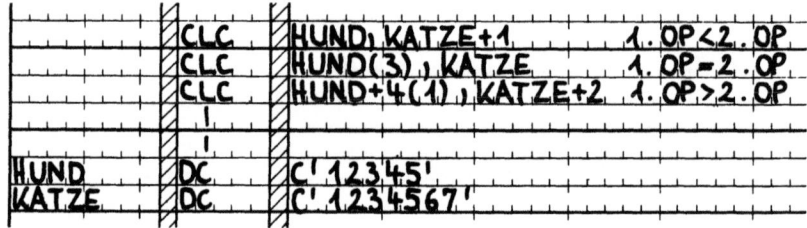

A24

9.10. Der Befehl »Branch on Condition«, BC

Format: | Op-Code | M | 0 | Sprung-adresse |

Op-Code: $47_{(16)}$

Entspricht die Anzeige den durch die Maske M auf Eins gesetzten Bits, so wird der Befehlszähler mit der Sprungadresse geladen und das Programm bei dieser Adresse fortgesetzt. Falls keines der gesetzten Bits der Sprungmaske mit der Anzeige übereinstimmen, wird der nächste im Programm folgende Befehl ausgeführt.

Die Stellen der 4 Bits langen Maske entsprechen von links nach rechts den Anzeigen wie folgt:

Maske $2^7\ 2^6\ 2^5\ 2^4$	Anzeige
⊠ ☐ ☐ ☐	0
☐ ⊠ ☐ ☐	1
☐ ☐ ⊠ ☐	2
☐ ☐ ☐ ⊠	3
8 4 2 1	← Wertigkeit

Sind alle Bits der Maske Eins, so wird ein *unbedingter Sprung* ausgeführt.

Sind alle Bits der Maske Null, so wird nie verzweigt, sondern immer der nächste Befehl ausgeführt *(Nulloperation)*.

Beispiele für BC-Befehle in Assemblerschreibweise:

BC 4,UPR	Sprung auf die Adresse UPR bei Anzeige 1
BC 15,UPR	Unbedingter Sprung nach UPR
BC 9,UPR	Sprung nach UPR bei Anzeige 0 oder 3
BC 0,UPR	Nulloperation

9.11. Pseudosprungbefehle

Pseudosprungbefehle vereinfachen die symbolische Programmierung in Assembler.
Der Operationsteil des Befehls »Springen bedingt« wird mit einer Maske zu einem erweiterten Operationsteil zusammengefaßt.
Dadurch wird das Programm übersichtlicher, die Schreibarbeit verringert, die Anwendung vereinfacht.
Die folgenden Beispiele zeigen eine Gegenüberstellung von BC-Befehlen und Pseudosprungbefehlen.

Pseudosprungbefehle			Endsprechende BC-Befehle	
B	ADR	Unbedingter Sprung	BC	15, ADR
NOP	ADR	Nulloperation	BC	0, ADR
Nach Vergleichsoperationen				
BH	ADR	Sprung, falls größer	BC	2, ADR
BL	ADR	Sprung, falls kleiner	BC	4, ADR
BE	ADR	Sprung, falls gleich	BC	8, ADR
BNH	ADR	Sprung, falls nicht größer	BC	13, ADR
BNL	ADR	Sprung, falls nicht kleiner	BC	11, ADR
BNE	ADR	Sprung, falls nicht gleich	BC	7, ADR

9.12. Der Makroaufruf »Lesen Satz«, GET

Mit diesem Makroaufruf wird der nächstfolgende Satz (z. B. eine Karte) einer *Eingabedatei* in den *Eingabebereich* (z. B. EINB) eingelesen.

Name	Operation	Operanden
Symb. Name oder leer	GET	Dateiname

9.13. Der Makroaufruf »Ausgeben Satz«, PUT

Mit diesem Makroaufruf wird ein Satz (z. B. 1 Druckzeile), der in einem Ausgabebereich (z. B. AUSB) aufgebaut wurde, ausgegeben.

Name	Operation	Operanden
Symb. Name oder leer	PUT	Dateiname

9.14. Der Makroaufruf »Programmende«, TERM

Mit diesem Makroaufruf wird ein Programm beendet.

Name	Operation	Operanden
Symb. Name oder leer	TERM	

9.15. EBCDI-Code-Tabelle

(Extended Binary Coded Decimal Interchange-Code)

EBCDIC	Sedez. Verschl.	Schnelldrucker Zeichen	Erklärung
1100 0001	C1	A	
1100 0010	C2	B	
1100 0011	C3	C	
1100 0100	C4	D	
1100 0101	C5	E	
1100 0110	C6	F	
1100 0111	C7	G	
1100 1000	C8	H	
1100 1001	C9	I	
1101 0001	D1	J	
1101 0010	D2	K	
1101 0011	D3	L	
1101 0100	D4	M	
1101 0101	D5	N	
1101 0110	D6	O	
1101 0111	D7	P	
1101 1000	D8	Q	
1101 1001	D9	R	
1110 0010	E2	S	
1110 0011	E3	T	
1110 0100	E4	U	
1110 0101	E5	V	
1110 0110	E6	W	
1110 0111	E7	X	
1110 1000	E8	Y	
1110 1001	E9	Z	
1111 0000	F0	0	
1111 0001	F1	1	
1111 0010	F2	2	
1111 0011	F3	3	
1111 0100	F4	4	
1111 0101	F5	5	
1111 0110	F6	6	
1111 0111	F7	7	
1111 1000	F8	8	
1111 1001	F9	9	
0100 0000	40	Blank	Zwischenraum
0100 1010	4A	¢	Centzeichen
0100 1011	4B	.	Punkt
0100 1100	4C	<	Kleiner als
0100 1101	4D	(	Klammer auf
0100 1110	4E	+	Plus
0100 1111	4F	|	Senkrechter Strich
0101 0000	50	&	Und

EBCDIC	Sedez. Verschl.	Schnelldrucker Zeichen	Erklärung
0101 1010	5A	!	Ausrufungszeichen
0101 1011	5B	$	Dollarzeichen
0101 1100	5C	*	Stern
0101 1101	5D	)	Klammer zu
0101 1110	5E	;	Semikolon
0101 1111	5F	¬	Nicht
0110 0000	60	-	Minus
0110 0001	61	/	Schrägstrich
0110 1010	6A	∧	Logisch und
0110 1011	6B	,	Komma
0110 1100	6C	%	Prozent
0110 1101	6D	—	Unterstreichung
0110 1110	6E	>	Größer als
0110 1111	6F	?	Fragezeichen
0111 1010	7A	:	Doppelpunkt
0111 1011	7B	#	Nummer
0111 1100	7C	@	a
0111 1101	7D	'	Apostroph
0111 1110	7E	=	Gleichheitszeichen
0111 1111	7F	..	Anführungszeichen
1111 1111	FF	◇	Raute

9.16. Umwandlungstabelle Sedezimal – Dezimal

Zweite Ziffer

Erste Ziffer	0	1	2	3	4	5	6	7	8	9	A	B	C	D	E	F
0	000 00000	001 00256	002 00512	003 00768	004 01024	005 01280	006 01536	007 01792	008 02048	009 02304	010 02560	011 02816	012 03072	013 03328	014 03584	015 03840
1	016 04096	017 04352	018 04608	019 04864	020 05120	021 05376	022 05632	023 05888	024 06144	025 06400	026 06656	027 06912	028 07168	029 07424	030 07680	031 07936
2	032 08192	033 08448	034 08704	035 08960	036 09216	037 09472	038 09728	039 09984	040 10240	041 10496	042 10752	043 11008	044 11264	045 11520	046 11776	047 12032
3	048 12288	049 12544	050 12800	051 13056	052 13312	053 13568	054 13824	055 14080	056 14336	057 14592	058 14848	059 15104	060 15360	061 15616	062 15872	063 16128
4	064 16384	065 16640	066 16896	067 17152	068 17408	069 17664	070 17920	071 18176	072 18432	073 18688	074 18944	075 19200	076 19456	077 19712	078 19968	079 20224
5	080 20480	081 20736	082 20992	083 21248	084 21504	085 21760	086 22016	087 22272	088 22528	089 22784	090 23040	091 23296	092 23552	093 23808	094 24064	095 24320
6	096 24576	097 24832	098 25088	099 25344	100 25600	101 25856	102 26112	103 26368	104 26624	105 26880	106 27136	107 27392	108 27648	109 27904	110 28160	111 28416
7	112 28672	113 28928	114 29184	115 29440	116 29696	117 29952	118 30208	119 30464	120 30720	121 30976	122 31232	123 31488	124 31744	125 32000	126 32256	127 32512
8	128 32768	129 33024	130 33280	131 33536	132 33792	133 34048	134 34304	135 34560	136 34816	137 35072	138 35328	139 35584	140 35840	141 36096	142 36352	143 36608
9	144 36864	145 37120	146 37376	147 37632	148 37888	149 38144	150 38400	151 38656	152 38912	153 39168	154 39424	155 39680	156 39936	157 40192	158 40448	159 40704
A	160 40960	161 41216	162 41472	163 41728	164 41984	165 42240	166 42496	167 42752	168 43008	169 43264	170 43520	171 43776	172 44032	173 44288	174 44544	175 44800
B	176 45056	177 45312	178 45568	179 45824	180 46080	181 46336	182 46592	183 46848	184 47104	185 47360	186 47616	187 47872	188 48128	189 48384	190 48640	191 48896
C	192 49152	193 49408	194 49664	195 49920	196 50176	197 50432	198 50688	199 50944	200 51200	201 51456	202 51712	203 51968	204 52224	205 52480	206 52736	207 52992
D	208 53248	209 53504	210 53760	211 54016	212 54272	213 54528	214 54784	215 55040	216 55296	217 55552	218 55808	219 56064	220 56320	221 56576	222 56832	223 57088
E	224 57344	225 57600	226 57856	227 58112	228 58368	229 58624	230 58880	231 59136	232 59392	233 59648	234 59904	235 60160	236 60416	237 60672	238 60928	239 61184
F	240 61440	241 61696	242 61952	243 62208	244 62464	245 62720	246 62976	247 63232	248 63488	249 63744	250 64000	251 64256	252 64512	253 64768	254 65024	255 65280

Beispiele:

A) Dezimalzahl 51966 in Sedezimalzahl

In der Tabelle vorhandene nächstkleinere Zahl $= 51712_{(10)} \triangleq CA_{(16)}$
Differenz: $51966_{(10)} - 51712_{(10)} = 00254_{(10)} \triangleq 00\,FE_{(16)}$

$$51966_{(10)} \triangleq CAFE_{(16)}$$

B) Sedezimalzahl AFFE in Dezimalzahl

$AF\,00_{(16)} \triangleq 44800_{(10)}$
$00\,FE_{(16)} \triangleq 00254_{(10)}$

$$AFFE_{(16)} \triangleq 45054_{(10)}$$

Sachverzeichnis

Abdruckbare Zeichen 9, A28f.
Ablauffähiges Programm 39f.
- plan, s. Programmablaufplan
Adreßbuch 26f.
- pegel 26f., 79, 82
- pegelstand 26, 27, 79
Adresse 4f., 6
Anfangsadresse, s. Startadresse
Anweisung, s. Assembleranweisung
Anzeige 62f., A24
Arbeitsspeicher 3f.
Assembler
- anweisung 9f., 12, 13, 20ff., A20ff.
- befehl, s. Befehl
- formular 33f., A18f.
- instruktion, s. Assembleranweisung
- protokoll (Assembler-Listing), 79f.
- schreibweise 6, 11
- sprache 3, 6, 8, 20
- -Übersetzer 8, 12, 40
Assemblierung 79
Auflösung von Makrobefehlen, s. Makroauflösung
Ausgabebereich 19, 47f., 74, A27
- datei 47f.

BC-Befehl 64ff., A25f.
BE, s. Pseudobefehle
Bedingter Sprung,s. BC-Befehl
Befehl 3f., 9
Befehlsausführung 5
- format 24f., 28, 62
- typ 62
- vorrat 3
- zähler 41f., 52
Bemerkung 36, 91, A19
Betriebssystem 38, 39
Binden 40
Binder 40
Blank, s. Zwischenraum
Byte 5, 9, 11, 13

CLC-Befehl 60ff., A24
COBOL 3, 22
Code, s. EBCDI -Code
Codierung 60
Compiler 8

Datenendekarte, s. Endekarte
- karte 58, 59, 73
- träger 38
Datei 45
- name 45
DC-Anweisung 9f., 12, 18f., A22
DMS, s. Logisches Ein-/Ausgabesystem
DS-Anweisung 10f., A21
Dump, s. Speicherauszug
DV-Anlage A16

EBCDI-Code A28f.
Ein-/Ausgabesystem, s. Logisches Ein-/Ausgabesystem
Eingabebereich 47f., A27
- datei 45f., A27
- gerät A16
Empfangsadresse 5f., 12, 15
- feld (Empfangsbereich) 14, 15, 16
END-Anweisung 21f., A20
Endekarte 55f.
EOJ 51
Explizite Länge 16ff.

Feldart A21
- länge A21
- unterteilung 94f.
Flags 79
Formale Fehler 83
Format, s. Befehlsformat
Formular, s. Assemblerformular
FORTRAN 3, 22
Fortsetzungszeile 37

Generieren von Zeichen 10, 12, 82
GET 45ff., A27

Halbbyte 1
Hochkomma 10, 12

Implizite Länge 12ff., 19f.
Instruktion, s. Befehl

Kommentar, s. Bemerkung
Konnektor A17
Konstanten 9f.
– definitionen 9f., 19f.
– länge A22
– typ A22

Lademodul, s. Phase
Laden 41
Längenangabe 11, 12f., 17, 19
– feld 25
– merkmal 93f.
Leerstelle, s. Zwischenraum
Leser, s. Lochkartenleser
Listing, s. Assemblerprotokoll
Location-Counter, s. Adreßpegel
Lochkartendaten 73
– leser A16
– stanzer A16
Logische Fehler 83
Logisches Ein-/Ausgabesystem 44, 53
Logischer Vergleichsbefehl, s. CLC-Befehl
Löschen 22f., A6

Makro, (Makroaufruf, -befehl) 44f., 52f., A27
– auflösung 52f.
– bibliothek 44, 52
Maschinen
– befehl (-instruktion) 24f., 65
– code, s. Maschinensprache
– format, s. Befehlsformat
– orientierte Programmiersprache 3
– programm 79, 80, 81, 89, A6
– sprache 8, 25, 80, 81
Maske, s. Sprungmaske
Maskenbit 65f., 67
Mnemotechnischer Operationsteil 8
Modul 39f.
MVC-Befehl 6f., 8, 9, 12f., A23

Namen 34, A18
Namensfeld 33f., A18
Nulloperation (NOP) 72, A25

Objektmodul, s. Modul
– programm (Objekt-Code) 79, 80, 81
Operand 16, 62, A24
Operandenadresse 61
– feld 33, 34, A19
Operationscode (Op-Code) 8, 24
– feld A19
– teil 6, 8, 10, 20

Phase 40f.
Plattenspeicher (Platte, -stapel) 39, 40
Primärprogramm 22
Problemorientierte Programmiersprache 3, 8
Programm 3f.
– ablaufplan 54, 57, 59, 75, A17
– beginn (-anfang) 20, 21
Programm-Counter, s. Befehlszähler
Programmdaten 33
– ende 51, A27
– -Endekarte 84
– iersprache 3
– karten 39
– name 20, 21
– raum 5, 27
– schleife 54f., 59
– verzweigung 58
Protokoll, s. Assemblerprotokoll
Pseudosprungbefehle 70ff., A26
PUT 46f., A27

Quellprogramm 22

Reduzierte Länge A23, A24

Schnelldrucker A16
Sedezimales Zahlensystem A30
Sedezimalzahlen 2, A30
Sendeadresse 5f.
– feld 16
Sonderzeichen 9, A28f.
Source Statement 79, 80, 81
Speicherauszug (Dump) 84f.
– bereichsdefinition 9, 10f., A21f.
– geräte A16
Sprachelemente 52
Sprungadresse 64, 65, 82
– befehl 9, 64ff., A25f.
– maske 65f., A25
SS-Typ 62

132

Startadresse (Anfangsadresse) 41, 52
START-Anweisung 20f., A20
Statement 42
Struktogramm 96f.
Symbolische Adresse 6, 8, 10
Symbolischer Befehl 8
- Name 33
Systemplatte, s. Plattenspeicher
- programm 39
- residenz 40
- software 53

TERM 51f., A27
Testlauf 82f.

Übersetzer, s. Übersetzungsprogramm
Übersetzung 8, 24ff.

Übersetzungsprogramm 8, 20, 21, 26
- protokoll, s. Assemblerprotokoll
- vorgang 39f., 52f.
Übertragungsbefehl, s. MVC-Befehl
Unbedingter Sprung 68, 72, A25

Verarbeitungsoperation 6
Vergleichsbefehl 54f.

Wiederholungsfaktor 19, A21, A22
Wohlstrukturierte Programmierung 91f.

Zeichen, s. abdruckbare Zeichen
Zeichenkonstante 11, A22
Zentraleinheit (ZE) A16
Zwischenraum 20, A28

W. Jordan, D. Sahlmann, H. Urban

Strukturierte Programmierung

Einführung in die Methode und ihren praktischen Einsatz zum Selbststudium

2., überarbeitete Auflage. 1984. Mit zahlreichen unnummerierten Abbildungen. VIII, 239 Seiten. Broschiert DM 78,-. ISBN 3-540-13095-0

Inhaltsübersicht: Hinweise zum Selbststudium. - Einführung. - Methode der Strukturierten Programmierung. - Darstellungsmittel für die Stukturierte Programmierung. - Umsetzung des Entwurfs in Primärcode. - Beispiele und Übungen zur Strukturierten Programmierung. - Strukturierte Progammierung und Software-Entwicklung. - Sachregister.

Aus den Besprechungen: „...Das Buch ist systematisch aufgebaut und die Inhalte lassen sich flüssig erarbeiten. Es hilft den an der Entwicklung von Software Beteiligten, ihre Arbeitsweise zu überprüfen und zu verbessern. Auch der mit der Methode vertraute Leser findet noch Anregungen und Hinweise..."   *Online*

„...Die beiden Autoren machen mit dem vorliegenden Buch in didaktisch ausgezeichneter Form den Leser mit der Methode und den Zielen der strukturierten Programmierung sowie den Darstellungsmitteln, die diese methodische Anwendung unterstützen, vertraut. Zahlreiche Beispiele und zugehörige Lösungen in den verschiedensten Programmiersprachen (FORTRAN, COBOL, Assembler) erleichtern das Verständnis und die Anwendung des gelernten Stoffes in der Praxis..."   *Österreichische Ingenieur-Zeitschrift*

Springer-Verlag
Berlin Heidelberg New York
London Paris Tokyo

W. Sammer, H. Schwärtzel

CHILL

Eine moderne Programmiersprache für die Systemtechnik

1982. 165 Abbildungen. XIII, 191 Seiten.
Broschiert DM 84,-. ISBN 3-540-11631-1

Inhaltsübersicht: Entstehungsgeschichte und Anwendungsgebiete von CHILL. Sprachkonzept und Sprachumfang. - Aspekte der Compilerimplementierung. - Ausblicke und Konzeptionen. - Literaturverzeichnis. - Sachverzeichnis.

W. Remmele

PASCAL systematisch

Eine strukturierte Einführung

Unter Mitwirkung von F. Heston

Illustrationen von A. Seiling

1983. Mit zahlreichen Abbildungen. XI, 237 Seiten. Broschiert DM 64,-. ISBN 3-540-12250-8

Inhaltsübersicht: Programme. - Daten, Datentypen. - Strukturierte Datentypen. - Pointers. - Dateien: Allgemeine Ein-/Ausgabe. - Funktionen und Prozeduren. - Das GOTO-Statement. - Programmentwicklung. - Anhang. - Literaturhinweise. - Sachverzeichnis.

Springer-Verlag
Berlin Heidelberg New York
London Paris Tokyo

	MIX
	Papier aus verantwortungsvollen Quellen
FSC	Paper from responsible sources
www.fsc.org	FSC® C105338

If you have any concerns about our products,
you can contact us on
ProductSafety@springernature.com

In case Publisher is established outside the EU,
the EU authorized representative is:
**Springer Nature Customer Service Center GmbH
Europaplatz 3, 69115 Heidelberg, Germany**

Printed by Libri Plureos GmbH
in Hamburg, Germany